BUZZ

© 2019 Buzz Editora

Publisher ANDERSON CAVALCANTE
Editora SIMONE PAULINO
Editora assistente LUISA TIEPPO
Projeto gráfico ESTÚDIO GRIFO
Assistentes de design NATHALIA NAVARRO, FELIPE REGIS
Preparação TAMIRES CIANCI VON ATZINGEN
Revisão ANTONIO CASTRO

Dados Internacionais de Catalogação na Publicação (CIP)
de acordo com ISBD

A534p

    Anastácio, Padre Moacir
    O poder de Pentecostes / Padre Moacir Anastácio,
    Padre João Henrique.
    1ª edição. São Paulo: Buzz, 2019.
    176 pp.

ISBN 978-65-80435-02-9

1. Religião. 2. Pentecostes. I. Henrique, Padre João. II. Título.

	CDD-242.38
2019-760	CDU-264-941.65

Elaborado por Odilio Hilario Moreira Junior CRB-8/9949

Índice para catálogo sistemático:
1. Religião : Pentecostes 242.38
2. Religião : Pentecostes 264-941.65

Todos os direitos reservados à:
Buzz Editora Ltda.
Av. Paulista, 726 – mezanino
CEP: 01310-100 São Paulo, SP

[55 11] 4171 2317
[55 11] 4171 2318
contato@buzzeditora.com.br
www.buzzeditora.com.br

O *poder de* Pentecostes

―――

Padre Moacir Anastácio
Padre João Henrique

09   **Um Pentecostes de Misericórdia**

I
17   **Um caminho de preparação para o Pentecostes**

II
27   **As dez chaves para um Pentecostes de Misericórdia**
30   O cano, o burro, o vaso de argila

III
37   **O caminho das dez chaves para um Pentecoste de Misericórdia**
41   Primeira chave para um novo Pentecostes de Misericórdia
46   Segunda chave para um novo Pentecostes de Misericórdia
55   Terceira chave para um novo Pentecostes de Misericórdia
62   Quarta chave para um novo Pentecostes de Misericórdia
69   Quinta chave para um novo Pentecostes de Misericórdia
78   Sexta chave para um novo Pentecostes de Misericórdia
87   Sétima chave para um novo Pentecostes de Misericórdia

95	Oitava chave para um novo Pentecostes de Misericórdia
102	Nona chave para um novo Pentecostes de Misericórdia
111	Décima chave para um novo Pentecostes de Misericórdia
120	**Consagração das Velas de Pentecostes**
125	**Novena de Pentecostes**
132	**Novena em honra ao Espírito Santo, composta pela Beata Elena Guerra**
133	Primeiro dia
137	Segundo dia
141	Terceiro dia
145	Quarto dia
149	Quinto dia
153	Sexto dia
157	Sétimo dia
161	Oitavo dia
165	Nono dia
169	**Efusão do Espírito Santo/Reavivamento dos dons**
174	**Notas**

Vem, Espírito Criador

"Vem, Espírito Criador": foi com esta oração que o papa Leão XIII consagrou o século XX à terceira pessoa da Santíssima Trindade, o mesmo século em que surgiu o Movimento Pentecostal na Igreja Católica.

Queremos fazer nossas estas Palavras:

Veni Creator Spiritus

Vinde, Espírito Criador, as nossas almas visitai,
e enchei os nossos corações com Vossos dons celestiais.

Vós sois chamado o Intercessor, do Deus excelso o dom sem-par,
a fonte viva, o fogo, o amor, a unção divina e salutar.

Vós sois doador dos sete dons e sois poder na mão do Pai,
por Ele prometido a nós e por nós seus feitos proclamai.

A nossa mente iluminai, os corações enchei de amor,
nossa fraqueza encorajai, qual força eterna e protetor.

Nosso inimigo repeli e concedei-nos vossa paz,
se pela graça nos guiais, o mal deixamos para trás.

Ao Pai e ao Filho Salvador, por Vós possamos conhecer
que procedeis do Seu amor, fazei-nos sempre firmes crer.

Amém.

O papa João XXIII, na abertura do Concílio Vaticano II, convidou toda a Igreja a invocar um novo Pentecostes sobre a humanidade. Acolhemos mais uma vez este convite com confiança e amor.

"Repita-se no povo Cristão o espetáculo dos Apóstolos reunidos em Jerusalém, depois da ascensão de Jesus ao céu, quando a Igreja nascente se encontrou reunida em comunhão de pensamento e de oração com Pedro e em torno de Pedro, pastor dos cordeiros e das ovelhas.

Digne-se o Divino Espírito escutar da forma mais consoladora, a oração que sobe a Ele de todas as partes da terra. Que Ele renove em nosso tempo os prodígios como de um novo Pentecostes, e conceda que a Santa Igreja, permanecendo unânime na oração, com Maria, a Mãe de Jesus, e sob a direção de Pedro, dilate o reino do Divino salvador, reino de Verdade e Justiça, Reino de amor e de paz."

Papa João XXIII

Um Pentecostes de Misericórdia

> Esta Palavra é fiel e digna de toda aceitação. Cristo Jesus veio ao mundo para salvar os pecadores, dos quais eu sou o primeiro.
>
> Mas por isso mesmo é que eu encontrei Misericórdia, para que Cristo Jesus pudesse mostrar, começando por mim, toda a sua generosidade. E isso como exemplo para os que, depois, iriam acreditar n'Ele, a fim de terem a vida eterna. (I Tm 1:15-16)

Conheci o padre Moacir no começo da fundação da nossa família "Aliança de Misericórdia". Tinha sido chamado para pregar em Brasília, durante o Carnaval, num grande evento da Renovação Carismática. No momento da adoração Eucarística, na oração de cura e de libertação, pedi para o padre Moacir orar comigo, pois tinha ouvido falar dele naquela cidade. Fiquei impressionado ao ver a graça de Deus fluir através daquele "instrumento" aparentemente fraco, que o Senhor usava com poder. Mesmo sem conseguir se expressar num português "correto", as curas aconteciam.

Mais tarde, conheci sua história, seu caminho de conversão, seu passado de pobreza humana e espiritual e sua extraordinária experiência com o Espírito Santo, que tinha transformado radicalmente sua vida.

Eu vi no padre Moacir Anastásio uma forte confirmação do carisma que o Senhor tinha colocado nos nossos corações e que me levou, juntamente com o padre Antonello e com a Maria Paola, a dar início à Aliança de Misericórdia.¹

De fato, no meio de traficantes, prostitutas, travestis, presos, moradores de rua que visitávamos regularmente nas nossas evangelizações, víamos realizar-se com força a promessa que Jesus expressou para a Santa Faustina Kowlaska em seu diário: "que os maiores pecadores teriam se tornado os maiores santos se acreditassem na Sua Misericórdia, pois eles tinham um direito todo particular à Misericórdia do Senhor, que veio para salvar os que estavam perdidos".²

Experimentávamos e continuamos a experimentar, até hoje, onde o Senhor nos envia para evangelizar, que realmente a Misericórdia transforma os pecadores em santos e testemunhas da Sua Misericórdia.

Quantas vezes vimos prostitutas, assassinos, traficantes sendo curados no corpo e na alma, sendo "batizados no Espírito Santo", num verdadeiro "Pentecostes de Misericórdia", transformados em evangelizadores de fogo!³

Assim foi para São Paulo, como ele mesmo testemunha em 1Tm 1:15-16, e em outros de seus escritos. Assim foi na vida de todos os santos, pois todos, como nos diz o papa Francisco, são sempre pobres, pecadores, perdoados!

Cremos, porém, que, em particular nestes tempos de tão grande miséria, desequilíbrio social, crise econômica e destruição moral, o Senhor nos prepara para a uma poderosa manifestação da Sua Misericórdia, pois só esta intervenção poderá salvar a humanidade da decadência, da fome, das guerras, da autodestruição.

"Tempo de grande miséria, tempo de grande Misericórdia", como diz o nosso amigo padre Daniel Ange, outro grande profeta da Misericórdia do Senhor do nosso tempo.⁴

Ao longo destes anos, o Senhor me proporcionou várias oportunidades e encontros que confirmaram isso tudo para mim.

Um dos encontros mais significativos foi com a Lola (Floripes Dornelas de Jesus), uma mística que viveu cerca de sessenta e cinco anos só de Eucaristia. Não comia, não bebia e não dormia. Apenas se alimentava e se sustentava pela força da Comunhão Eucarística, vivia em Rio Pomba (Barbacena-MG) e várias vezes tive a graça de podê-la encontrar e de celebrar a Eucaristia para ela.

Um dia, ela me presenteou com a obra *Paz, amor e alegria*.[5] Este livro, do padre André Prévot, fala do caminho espiritual proposto por Santa Gertrudes,[6] e logo no começo é contada uma experiência mística muito forte e significativa, que me impactou profundamente. Transcrevo-a aqui:

> *"Meu amabilíssimo Senhor", diz a Santa a Jesus Cristo, "donde me vem que me apresenteis, a mim, indigna criatura, o vosso discípulo mais caro?" "Quero", respondeu Jesus, "estabelecer entre ele e ti uma amizade íntima: ele será teu Apóstolo para te instruir e dirigir".*
>
> *Dirigindo-se então a Gertrudes, João lhe dizia: "Esposa de meu Mestre, vinde: juntos repousaremos a cabeça no dulcíssimo peito do Senhor; nele estão encerrados todos os tesouros do céu". Ora, estando a cabeça de Gertrudes inclinada à direita e a cabeça de João à esquerda do peito de Jesus, o discípulo amado prosseguiu: "Eis aqui o Santo dos santos; todos os bens da terra e do céu são atraídos para ele como para o seu centro".*
>
> *Entretanto, as pulsações do Coração de Jesus arrebatavam a alma de Gertrudes: "Bem-amado do Senhor, perguntou ela a S. João, estas pulsações harmoniosas, que me rejubilam a alma, rejubilaram a vossa quando repousaste, durante a Ceia, no peito do Salvador?" "Sim, eu as ouvi, e a suavidade delas penetrou-me a alma até a medula."*

> *"Donde vem, pois, que no vosso Evangelho, apenas tenhais deixado entrever os segredos amorosos do Coração de Jesus Cristo?"* *"O meu ministério, naqueles primeiros tempos da Igreja"*, respondeu o Apóstolo dileto, *"devia restringir-se a dizer sobre o Verbo divino, Filho eterno do Pai, algumas palavras fecundas que a inteligência dos homens pudesse sempre meditar, sem lhe esgotar jamais as riquezas; mas, aos últimos tempos estava reservada a graça de ouvir a voz eloquente do Coração de Jesus. A essa voz, o mundo envelhecido rejuvenescerá; sairá do seu torpor, e o calor do amor divino inflamá-lo-á novamente."*

É interessante notar que os Pentecostais esperam e profetizam uma terceira onda Pentecostal, após a efusão do Espírito Santo no Cenáculo e o início do Movimento Pentecostal, no começo do século XX.

Sabemos que, em Fátima, em Portugal, as aparições Marianas não profetizam o fim do mundo, mas o tempo do triunfo do Coração Imaculado de Maria.

Em Amsterdã, na Holanda, na aparição da "Senhora de todos os povos", reconhecida pela Igreja local, a Virgem pede que se roguemos todos os dias por uma efusão do Espírito Santo sobre toda a humanidade, para que esta seja preservada das calamidades, das guerras e da fome.[7] Sabemos, ainda, que Jesus falou para Santa Faustina que a humanidade não encontrará paz até se volver à Misericórdia divina[8] e que por isso o Santo papa João Paulo II consagrou à Divina Misericórdia o terceiro milênio da humanidade.

Nesta direção se move ainda todo o ministério do papa Francisco.

Pessoalmente, estou convencido de que o triunfo do Coração Imaculado de Maria, este tempo de paz para os homens, a terceira "onda pentecostal" que tantos profetizam e esperam, corresponda à profecia de Santa Gertrudes, com um "Pentecostes de Misericórdia" sobre a humanidade.

Creio, ainda, que hoje já vemos "as primícias desta nova estação da humanidade nas conversões extraordinárias de pequenos, pobres, pecadores que o Senhor transforma em canais maravilhosos da Sua Misericórdia".

A experiência do padre Moacir é, para mim, um (e não o único) destes sinais, que nos convida a desejar e a suplicar este "Pentecostes" também em nossa vida.

Este livro propõe um caminho simples e eficaz para permanecermos em oração no Cenáculo, com Maria, obedecendo, assim, ao convite do Senhor e "sermos revestidos da força do alto" (cf. Lc 24:49).

Padre João Henrique

I

Um caminho de preparação para o Pentecostes

"Permanecei em oração até serdes revestidos da força do Alto" (Lc 24:49)

Neste primeiro capítulo, quero relatar a experiência do padre Moacir, nascida de uma inspiração particular e que, hoje, reúne anualmente em Brasília, mais de um milhão de pessoas. Foi essa vivência que nos inspirou a escrever este livro para trilhar um caminho valioso de preparação para o Pentecostes.

Deixemos a palavra com o próprio padre Moacir:

No ano 2000, eu celebrava a missa do dia da Ascensão do Senhor. Havia na minha frente uma assembleia com mais de duzentas pessoas. O Evangelho anunciava o que Jesus tinha pedido a seus apóstolos: "Não se afastem de Jerusalém, recebereis o Espírito Santo e sereis minhas testemunhas". Era manhã. Eu pregava entusiasmado para uma assembleia que, ainda sonolenta, procurava me acompanhar. Pregava dizendo o que Jesus havia me ordenado: "Não se afastem de Jerusalém"; era o pedido do Senhor naquele domingo. Minutos depois da Ascensão, os discípulos voltam para Jerusalém e se trancam no cenáculo, esperando por um milagre. Oito dias depois, tem lugar um grande milagre: o Espírito Santo desce em forma de línguas de fogo e liberta os discípulos de todo o medo. Todos então vão à rua para testemunhar que Jesus Cristo ressuscitara dos mortos.

A devoção das Velas de Pentecostes

Numa manhã de domingo, a exemplo do que ocorrera em Jerusalém dois mil anos atrás, nossas vidas foram mudadas. Pregando essa leitura dos Atos dos Apóstolos na Paróquia de São Pedro, tentando empolgar aquele pequeno grupo de pessoas, nem eu e nem elas poderíamos imaginar que um grande milagre estava à nossa espera, que, pouco tempo depois, milhares e milhares de pessoas ouviriam aquela pregação e os milagres se tornariam milhões. Naquele dia, eu nem poderia imaginar que me tornaria protagonista da maior festa paroquial do mundo; que, em breve, receberíamos uma revelação que nos mostraria três espadas em forma de velas que curariam, libertariam e abençoariam milhões de pessoas – as chamadas Velas de Pentecostes.

Mas o fato é que, naquela manhã de domingo, eu encerrei a homilia com uma leve impressão de que poucos ali tinham compreendido o que é Pentecostes. Dei continuidade à celebração e, já no seu encerramento, enquanto lhes dava a bênção final, ouvi uma voz que dizia: "Não foi isso o que eu ensinei nem foi isso o que você pregou". Confuso e surpreso, procurei chamar as pessoas para lhes dizer o que havia acontecido, mas, num espaço curto de tempo, os meus poucos paroquianos desapareceram da minha frente. Fiquei beijando o altar sem entender muita coisa do ocorrido, porém meu corpo reagiu àquele anúncio: fiquei como se estivesse dormente ou sendo arrebatado. Então, reuni o resto de forças que ainda tinha e me arrastei para a sacristia.

Naquele mesmo domingo, às 10h30 da manhã, na capela Imaculada Conceição de Maria, eu tinha uma segunda missa a celebrar. O Evangelho era o mesmo, a *pregação era a mesma e eu insistia na mensagem: "Não se afaste de Jerusalém, recebereis o Espírito Santo e sereis minhas testemunhas". Por volta do meio-dia, eu repetia a fórmula da bênção final: "Ide em paz e que o Senhor vos acompanhe". Então, fui surpreendido pela mesma voz, agora mais clara e decidida, que dizia: "Não foi isso o que eu ensinei nem foi isso o que você pregou". Quando olhei para a porta principal, só via as cadeiras, porque os fiéis já ligavam o motor de seus carros, deixando o celebrante para trás, impressionado e confuso. Preocupado e emocionado com a tal voz, eu já pensava em como seria a missa das 19 horas. Então, naquela tarde, diante do Santíssimo, compreendi enfim o que o Senhor queria.*

Na missa das 19 horas, convoquei as pastorais para fazerem uma experiência comigo: durante oito dias a partir daquela celebração, ficaríamos em oração a fim de celebrar Pentecostes com o mesmo entusiasmo e com a mesma esperança das primeiras comunidades. Graças a Deus, as pastorais não rejeitaram o convite e, com um entusiasmo renovado, resolveram abraçar minha profecia. Nasceu, assim, a primeira semana de Pentecostes. Oito dias depois, eu celebrava a data comemorativa com três mil pessoas, quando vi um sol nascente e uma nova esperança para a Igreja de Jesus Cristo.

No segundo ano, pude preparar melhor as celebrações: fiz uma programação e convoquei os meus amigos padres para celebrar uma missa a cada dia. Numa terça-feira, a qual caberia ao padre Roberto Carlos, um grande amigo, cuidar da liturgia, eu, entregue à fadiga, procurava descansar pelo menos um pouco; então, ouvi uma voz firme e clara que me soprava: "Peça que tragam, na sexta-feira, uma vela e a consagre ao Pai; no sábado, uma segunda vela a ser consagrada ao Filho e uma terceira a ser consagrada ao Espírito Santo. Acendam-nas no momento mais difícil e o milagre há de acontecer".

Assustado e confuso, escutei o padre Roberto Carlos concluir sua homilia, quando então eu teria de me apresentar diante do altar. Pela expressão em meu rosto, as pessoas compreenderam que algo havia acontecido comigo e ficaram esperando algum tipo de orientação. Só no fim da celebração, contudo, é que anunciei aquela novidade e em fração de segundos as pessoas a abraçaram como a mais pura verdade. Na sexta-feira, então, por volta das 18 horas, eu já tinha um grande problema pela frente: havia ali, no mínimo, quinze mil pessoas, algumas com caixas de velas nas mãos, outras, com dezenas delas penduradas nas bolsas...

No sábado em que a vela seria consagrada ao Filho, notei que nem adiantaria falar que só uma vela deveria ser consagrada. O entusiasmo das pessoas, e até mesmo a necessidade de milagres, me levava a crer que uma vela era pouco. No entanto, eu continuava a apregoar que se tratava de uma vela para cada dia apenas: a primeira para o Pai, a segunda para o Filho e a terceira ao Espírito Santo, formando, assim, a Santíssima Trindade. Eu teria, então, um grande problema de ordem prática.

No domingo, as pessoas logo cedo começaram a me dizer: "E agora, como vamos fazer? Já tem gente na rua procurando os melhores lugares!". O carro da polícia procurava saber o que acontecera na noite anterior e a Defesa Civil já se apresentava dizendo que não tinha licença para celebrar missa campal. Para piorar, um delegado aposentado queria me conduzir à delegacia para que eu desse explicações sobre aquele acontecimento, uma vez que eu *não tinha licença nenhuma e as ruas não eram minhas. Alguns padres vizinhos também se manifestaram, reclamando que eu havia roubado os seus paroquianos, deixando suas igrejas vazias. Desse modo, a festa que deveria trazer alegria converteu-se em preocupação e chateação. Um padre chegou a me dizer que, na segunda-feira, eu seria chamado pelo senhor bispo, o qual me transferiria para outra paróquia, uma vez que os padres da região não aceitariam tamanha baderna.*

Enfim o relógio marcou 16 horas, quando seria celebrada a Santa Missa daquele domingo. Na procissão de entrada, fiquei extremamente impressionado: havia trinta mil pessoas na minha frente. Sem microfones ou telões, como iriam me ouvir? No entanto, todos compreendiam a linguagem do Espírito Santo: cantavam e aplaudiam, choravam e pulavam. Aquela foi a primeira vez em que vi milhares de católicos levantarem as mãos para louvar o Senhor e prometer que nada lhes tiraria da Igreja fundada por Jesus Cristo. Nessas três celebrações sem estrutura nenhuma, nasceu para valer a Semana de Pentecostes e a devoção das Velas de Pentecostes.

Os primeiros milagres das velas
Na manhã de segunda-feira, uma senhora alegre e gordinha se apresentou na secretaria. Ela demostrava tanta alegria! Com um sorriso, declarava que somente ao padre iria revelar o que fora fazer ali na paróquia. Quando, depois de muito relutar, fui ao encontro dela, a mulher me abraçou chorando e disse: "O milagre aconteceu: ontem à noite, quando cheguei em casa, acendi as velas para meu marido, internado havia dias na UTI em coma profundo, sem esperança nenhuma. Os médicos já tinham anunciado

que ele não se recuperaria mais, e era questão de poucos dias para declararem sua morte".

Quando ela acendera as velas, seu marido se curara. Foi então que compreendi que por aquela notícia, bem como pelo abraço daquela senhora, eu também estava recebendo uma graça. O cansaço e a preocupação com os padres e o bispo haviam desaparecido. Nada mais importava. O marido daquela senhora gordinha iria voltar para casa. Fiquei verdadeiramente convencido do que São Paulo diz aos romanos: "Nem a morte, nem a vida, nem os anjos, nem os principados, nem os abismos, nem outra qualquer criatura nos poderá afastar do amor que Deus nos testemunhou em Cristo Jesus" (Rm 8:38-39).

No decorrer daquela segunda-feira, os milagres foram se espalhando, um maior do que o outro. Logo em seguida, fiquei sabendo que uma senhora em Minas Gerais desaparecera. Panfletos e cartazes foram espalhados por todas as regiões. Rádio, televisão e jornais anunciaram seu desaparecimento, mas nada de ela ser encontrada. Dias depois, acenderam-se as Velas de Pentecostes na esperança de ter notícia dessa senhora. No dia seguinte, ela foi encontrada com vida dentro de um buraco profundo.

Lembro-me também de um senhor que fora trazido até mim para que eu lhe desse a unção dos enfermos. Vendo que ele estava muito mal e gritando de dor, padecendo com um tumor imenso na cabeça, quis saber de sua esposa se eles tinham a Vela de Pentecostes. "Temos, mas estamos esperando o pior momento, como o Senhor nos ensina", respondeu ela. Quando eu lhes disse que aquele era o pior momento, o casal acendeu a vela. Alguns dias depois, o senhor veio testemunhar que estava curado e que a doença desaparecera.

A lista de milagres é tão grande! Não posso esquecer a alegria da mãe que, desesperada porque o filho tinha sido internado diversas vezes para se livrar das drogas e do alcoolismo, levou o jovem para lá e o viu ser liberto de todos aqueles males. Disse-me ela que o poder da Palavra foi tão grande que o menino se jogara no chão, dando fortes gritos. Depois daquele momento, levantou-se tranquilamente, como se fosse outra pessoa... e nunca mais passou perto das drogas.

E a professora que veio me contar que seu sonho era dar aula, mas que, depois de dois anos lecionando, começou a ter alergia ao giz que usava para escrever as lições? Por alguma razão, a isso seguiu-se a síndrome do pânico, o afastamento da sala de aula e, por fim, uma depressão profunda. Ela buscou ajuda da medicina e recebeu remédios fortíssimos, o que só a levou para o fundo do abismo: ficava trancada no seu quarto, tentou suicídio, engordava sem parar... Quando foi internada e considerada louca, seus familiares tomaram conhecimento das Velas de Pentecostes.

Quando foram à secretaria comprá-las, porém, ficaram assustados: não havia nenhuma disponível. A secretária pediu que procurassem alguém que lhes desse uma, e foi o que fizeram. Dias depois, vieram dar o testemunho da graça recebida. Uma moça, agora dinâmica e alegre (ela mesma testemunhou sua tragédia), tinha sido curada de todo o mal graças à misericórdia de Deus.[9]

II

As dez chaves para um Pentecostes de Misericórdia

Ao longo destes anos, entendi, na comunhão espiritual com o padre Moacir, que Jesus não determinara somente aos Apóstolos no começo da Igreja nem apenas ao povo da paróquia do padre Moacir que se permanecesse em oração de Ascensão ao Pentecostes.

Creio que esta graça seja destinada a toda a Igreja e que a inspiração do tríduo de Pentecostes, com a bênção das três velas, possa tornar-se um caminho de muitas graças para todas as paróquias, para que mais e mais curas, milagres e conversões aconteçam na Igreja de Cristo para a glória do Pai.

E assim teve origem este livro: para divulgar esta prática e proposta espiritual e oferecer um caminho concreto, particular e comunitário em preparação ao Pentecostes. Para suplicar do alto, pela intercessão da Virgem Maria, um "Pentecostes de Misericórdia" nestes tempos tão necessitados, tempos de grande miséria, tempos de grande Misericórdia.

Nasce assim a proposta de oferecer "Dez chaves" para um Pentecostes de Misericórdia na sua vida, na vida da sua paróquia.

Quantas pessoas poderão voltar ao Senhor se nos unirmos em oração por dez dias, como o Senhor pediu e continua pedindo para a sua Igreja!

Se compreendêssemos quão precioso é o nosso *sim* para o Senhor e para a realização dos seus projetos sobre a humanidade!

Sabemos que seus projetos são projetos de paz, de vida, de santidade.

Sabemos que Ele precisa do nosso *sim*!

É inacreditável quanto o Senhor poderá realizar se apenas respondermos sincera e generosamente ao seu pedido e ao convite da sua, da nossa Mãe!

A Palavra de Deus e a história da Igreja estão repletas de relatos que testemunham como milagres acontecem onde o povo ora.

O cano, o burro, o vaso de argila

"*O Espírito Santo vem em socorro da nossa fraqueza.*" (Rm 8:26)

Lemos na carta aos Romanos, no capítulo oito, uma importante revelação acerca da ação do Espírito Santo: "Com efeito, o Espírito vem em socorro da nossa fraqueza, pois nem sabemos o que convém pedir. É o próprio Espírito que intercede com insistência por nós, com gemidos que não se exprimem. E aquele que sonda os corações sabe qual é o desejo do Espírito, pois é de acordo com Deus que o Espírito intercede em favor dos Santos" (Rm 8:26-27).

Em outras palavras, o Espírito se derrama com mais força onde há mais necessidade e não, como muitas vezes pensamos, em função dos nossos méritos. Por isso Santa Faustina escutou o próprio Senhor dizer que os maiores pecadores têm mais direito à Sua Misericórdia.[10] De fato, é em função da confiança que a graça de Deus se derrama no nosso coração, este coração que em seu íntimo geme junto com toda a natureza, esperando a revelação dos filhos de Deus (cf. Rm 8:22-27).

Diria ainda Jesus para Santa Faustina e para cada um de nós: "Todos os teus pecados não feriram tanto o meu coração quanto a desconfiança na minha Misericórdia! Não abismar-te na tua miséria, é fraca demais para falar. Olha, pelo contrário, o meu coração repleto de bondade... seja humilde e misericordioso com os demais, como eu sou com você!"[11]

"Temos um tesouro em vasos de argila", como diz ainda São Paulo (II Cor. 4:7). Não podemos fixar nosso olhar na fragilidade do vaso, pois assim iríamos desanimar. Precisamos nos alegrar pelo tesouro e pelo poder do Espírito que nos habita, apesar da nossa fraqueza, ou melhor, por causa da nossa fraqueza, pois "O Espírito vem em socorro da nossa fraqueza" (Rm 8:26).

Nunca me esqueço da experiência de um irmão que era traficante, usuário de drogas, que escutou alguém dizer que o Espírito não é dado para aqueles que merecem, mas para aqueles que precisam, pedem e "gemem" invocando este "Pentecostes de Misericórdia", por causa da própria miséria. Um dia, enquanto trabalhava na reforma de um apartamento, de repente ele se ajoelhou e gemendo interiormente até as lágrimas, suplicou: "Senhor, eu não mereço, mas preciso, desejo, quero: batiza-me no Espírito Santo!". Naquele momento, nosso irmão recebeu tal efusão do Espírito que foi liberto da dependência das drogas e de toda uma vida de pecado. Experimentou o "fogo devorador" do Espírito Santo e até hoje vive unicamente para anunciar a boa notícia do Evangelho de Jesus Cristo, que veio para os pecadores em santos e testemunhas de Sua Misericórdia.

Hoje são centenas, milhares, os testemunhos desta Misericórdia que, em nossa pequena experiência como Aliança de Misericórdia, experimentam o "fogo devorador" que inflama e impulsiona a contagiar a alegria do Santo Evangelho até os confins da Terra.

O padre Moacir testemunha em seu livro *Os milagres que eu vi*, cuja leitura recomendamos, uma linda experiência de sua vida sacerdotal. Deixo com ele a palavra:

Certo dia, por volta das cinco horas da manhã, antes de celebrar a missa de cura, me sentia muito derrotado pelo pecado, pelo mal; estava muito desanimado. Celebrava esta Missa havia mais de 18 anos, toda quinta-feira, às 8 horas da manhã e às 19 horas. Desta vez, porém, acordara me sentindo muito miserável. Miserável por causa da minha situação de homem pecador. Muito cansado, esgotado, não tinha forças nem para levantar da cama, já que havia me deitado quase uma hora da manhã na noite anterior. Com que ânimo iria me preparar para, às 8 horas da manhã, já estar no altar celebrando com muita alegria, empolgando o povo de Deus que chega em caravanas, que chega em multidão, que chega de todos os modos?

Naquela hora, portanto, me sentia indigno de estar ali, de ir para aquele altar, de ir para a frente daquele povo e invocar o nome de Jesus Cristo, de anunciar a cura para as pessoas. Experimentando um conflito interior muito grande, sendo bastante tentado pelo Inimigo, tive então uma visão. Tratava-se de um cano de PVC, um cano de cem milímetros, um cano de esgoto extremamente sujo, mas do qual saía água mineral, uma água maravilhosa, uma água fresca, uma água que matava a sede – uma água que transformava a vida das pessoas. E o Senhor me dizia: "Você é o cano e Eu sou a água, não dependo da pureza do cano para que minha água pura passe por ele. Então, fique tranquilo, porque você não é a água; quem cura sou Eu e Eu sou a água que mata a sede. Você não mata a sede de ninguém".

Depois daquela visão, depois daquilo que eu vi, depois daquela locução interior que tive, me levantei com ânimo, com alegria por saber que o milagre, graças a Deus, nunca dependeu de mim, da minha santidade, da minha oração, da minha situação. Compreendi mais ainda que o mais im-

portante disso é que eu seja o cano e que esteja lá. O mais importante disso é que, independentemente de estar celebrando, esteja bem ou esteja mal, esteja em pecado, em conflito ou sem conflito, o importante é estar presente; porque, sem a presença do cano, a água não é conduzida. Você precisa de um cano para deslocar essa água e levá-la até onde estão as pessoas. E Deus fez isso comigo.[12]

Pessoalmente, posso testemunhar que o Senhor escolhe o que não presta, o que é fraco para confundir os fortes e para que, como dizia São Francisco, ninguém duvide de que a obra é do Senhor e não da criatura, para que unicamente ao Pai seja dada toda glória pelas suas maravilhas em nossa vida.

Lembro-me do meu primeiro encontro com a Renovação Carismática Católica – RCC. Tinha 20 anos e estava, na época, no noviciado dos Missionários Xaverianos, na Itália. Um dia, o mestre dos noviços nos levou para conhecer um grupo da Renovação na cidade de Lecco, que ficava próxima a onde estávamos. Naquele tempo, eu passava por um momento de crise, não duvidava do meu chamado, mas experimentava toda a minha fraqueza e me sentia incapaz por causa das minhas fragilidades, dos meus medos e dos meus problemas de saúde; me sentia indigno de poder responder ao chamado sacerdotal missionário.

Lembro-me de que, entrando na sala, vi este grupo numeroso que louvava, cantava e orava com uma unção que até então eu não conhecia. Me "escondi" no meio do povo, por medo de que me chamassem para falar ou ler em público, pois isto me deixava bloqueado. Aí, no meu coração, eu disse para Jesus: "Senhor, você conhece a minha fraqueza... eu sou pobre, pecador, medroso, doente... eu não sou inteligente, não sou fiel... chama alguém mais capaz, mais forte, corajoso...". Naquele momento, uma mulher se levantou e profetizou em línguas. Eu nunca tinha visto aquilo... e a coisa mais extraordinária foi que, após um momento de silêncio, outra senhora levantou-se e (como mais tarde me explicaram) interpretou aquela profecia e disse: "Você que fala 'eu sou fraco, medroso, não sou inteligente, sou pecador', você fala a verdade! Por que, então, não deixa que Eu viva em ti?".

Só sei que, naquele momento, eu senti Jesus vivo, falando comigo pessoalmente e escrevendo com letras de fogo aquelas palavras em meu coração. Nunca mais me esqueci desta experiência e estas Palavras proféticas se tornaram uma constante referência em meu sacerdócio e uma contínua súplica do meu coração: "Jesus, eu sou fraco, medroso, pecador... então, Jesus, manda o Teu Espírito em socorro da minha fraqueza, para que você, Jesus, viva, aja, fale, ame em mim!".

Ao longo da vida, o Senhor me ensinou que todo cristão tem que considerar-se como aquele burrinho que levou Jesus na sua entrada triunfal em Jerusalém, antes da Sua paixão, morte e ressurreição (cf. Mc 11:1-11). O nosso "sim" permite ao Senhor chegar a pessoas que só por meio de nós Ele poderá encontrar, olhar, amar, e poderá falar ao coração delas somente por meio da nossa boca, na qual Ele colocará a Sua Palavra.

Nós, os burrinhos do Senhor, precisamos apenas confiar em Sua Misericórdia, em Seu Espírito, que, quando nos colocamos a seu serviço com confiança e amor, sempre vem em socorro da nossa fraqueza, como Maria, como o burrinho que o levou no meio do povo em Jerusalém!

Precisamos colocar-nos nas mãos do Senhor como barro... Ele é o oleiro (Is 64:8). Ele é o Criador, Ele é o Salvador, Ele é o Senhor e Ele vive! Eu, você, somos "pobre barro". Não tenha medo de suas fraquezas, tenha a coragem de descer na oficina do divino Oleiro: no mais profundo da sua alma, Ele está trabalhando! Como diz Santo Agostinho, "Deus é mais íntimo a nós que nós mesmos".[13]

Ele está no comando. Não tema sua própria inconsistência. Ele o conhece. Apenas se coloque nas mãos do Oleiro com confiança e abandono. Deixe que Ele plasme o barro da sua existência. Permita-Lhe moldar a sua vida, fazer e refazer este barro até realizar em você uma "obra de arte". Não se esqueça: você "é uma maravilha aos seus olhos" (cf. Is 43:4).

Não se contente com uma vida medíocre, morna, insignificante. Não seja apenas "espectador" da história. O Senhor o chama a ser "protagonista" de um novo tempo, a tornar-se uma "obra prima, única" nas mãos do mais extraordinário Oleiro, Deus, Pai, Criador, Senhor do céu e da terra de quem você é filho amado, lavado no Sangue do Cordeiro, regenerado pelo seu Espírito.

Coloque-se como barro em Suas mãos, pois o Senhor não quer a sua perfeição, mas a sua confiança, a sua humildade. Existe um livro maravilhoso chamado *O caminho da imperfeição*, que poderá ajudá-lo a se livrar de toda tentação do orgulho perfeccionista e vaidoso de quem procura em si a sua força.

Nossa força está no Senhor, que deseja realizar em nós mais, muito mais do que podemos pensar ou desejar! (cf. Ef 3:14ss).

Abra-se para um verdadeiro "Pentecostes de Misericórdia" em sua vida, pelo poder d'Aquele que manifesta a Sua força nos pequenos e humildes e Sua glória, nos pecadores e santificados pela efusão de Seu Santo Espírito.

Desejo lhe oferecer dez chaves para que este Pentecostes se realize em sua vida.

III

O caminho das dez chaves para um Pentecostes de Misericórdia

O caminho proposto
Os Apóstolos permaneceram no cenáculo, unidos em oração, por dez dias desde a ascensão de Jesus que aconteceu quarenta dias após a Páscoa, até o Pentecostes, que é celebrado passados cinquenta dias depois da Páscoa (At 1:14).

Nós também queremos, em obediência a Cristo, permanecer em oração, buscando a cada dia, na Palavra de Deus, as dez chaves para abrir o imenso tesouro do Pentecostes de Misericórdia que o Senhor quer derramar sobre nós.

Por isso, propomos a cada dia uma Palavra que oriente nossa oração, meditação e vida. Sabemos que, de fato, não adianta sermos conhecedores da Palavra se não a colocarmos em prática:

"Tornai-vos praticantes da Palavra e não simples ouvintes, enganando-vos a vós mesmos! Com efeito, aquele que ouve a Palavra e não a pratica, assemelha-se ao homem que, observando seu rosto no espelho, se limita a observar-se e vai-se embora, esquecendo-se logo da sua aparência. Mas aquele que considera atentamente a Lei perfeita de liberdade e nela persevera não sendo ouvinte esquecido, antes, praticando o que ela ordena, esse é bem-aventurado no que faz" (Tg 1: 22-25).

Nestes passos rumo ao Pentecostes, vamos propor, então, um caminho simples, que nos chega pela tradição da Igreja: a *lectio divina* (leitura divina).

Este método nos ensina a:

1. Orar, invocando o Espírito Santo;
2. Ler a Palavra de Deus;
3. Meditá-la;
4. Praticar a Palavra.

Esta Palavra é Espírito e vida! (cf. Jo 6:63).

"Porque desde a infância sabes as Sagradas Letras que têm o poder de fazer-te sábio para a salvação, por intermédio da fé em Cristo Jesus. Toda a Escritura é inspirada por Deus e proveitosa para ministrar a verdade, para repreender o mal, para corrigir os erros e para ensinar a maneira certa de viver; a fim de que todo homem de Deus tenha capacidade e pleno preparo para realizar todas as boas ações." (II Tm 3:15-17)

Esta palavra, ao ser ouvida, orada, meditada, praticada, nos coloca à escola do único Mestre que nos prepara para que possa batizar-nos no Espírito Santo e fogo.

Com Maria, no cenáculo, reunidos no amor recíproco, iremos invocar o Espírito Santo e meditar a Palavra com a ajuda de algum texto da Tradição da Igreja e da vida dos Santos, que nos precedem no Reino de Deus e intercedem por nós.

Em seguida, vamos orar para a cura de alguma área da nossa vida através de uma oração específica sugerida pelo padre Moacir.

Desejamos para cada irmão que conosco assim queira preparar-se ao Pentecostes, uma extraordinária experiência do Infinito Amor misericordioso, no qual o Senhor quer nos mergulhar.

Primeira chave para um novo Pentecostes de Misericórdia

*Primeiro dia do Cenáculo de Amor
(ou a sexta-feira que precede Pentecostes)*

Permanecer

1. Palavra do dia
   "Permanecei em mim, como eu em vós" (Jo 15:4)

2. Meta
Viver a experiência de que, sem Jesus (a Videira), eu (o ramo) não posso fazer nada e tomar consciência de que "permanecer n'Ele" é questão de vida ou de morte.

3. Oremos
Com Maria, Imaculada do Espírito Santo:
   "Maria, Imaculada do Espírito Santo, pelo poder que o Eterno Pai lhe deu, sobre os anjos e os arcanjos, envia--nos fileiras de anjos, com o chefe São Miguel Arcanjo, para livrar-nos do maligno e curar-nos. Amém."

Pedimos ao Espírito Santo:
   "Vinde Espírito Criador, as nossas almas visitai,
   e enchei os nossos corações com vossos dons celestiais.

   Vós sois chamados o Intercessor, de Deus excelso dom sem-par,
   a fonte viva, o fogo, o amor, a unção divina e salutar.

Vós sois doador dos sete dons e sois poder na mão do Pai,
por Ele prometido a nós e por nós seus feitos proclamai.

A nossa mente iluminai, os corações enchei de amor,
nossa fraqueza encorajai, qual força eterna e protetor.

O nosso inimigo repeli e concedei-nos vossa paz,
se pela graça nos guiais, o mal deixamos para trás."

4. Luz da Palavra

"Permanecei em mim, como eu em vós. Como o ramo não pode dar fruto por si mesmo, se não permanecer na videira, assim também vós, se não permanecerdes em mim. Eu sou a videira e vós os ramos. Aquele que permanece em mim e eu nele produz muito fruto; porque sem mim nada podeis fazer (...). Permanecei no meu amor." (Jo 15: 4-9)

5. Meditação

A promessa do Espírito Santo é unida a um imperativo, a uma palavra de ordem do Senhor para os seus apóstolos: "PERMANECEI em Jerusalém até serdes revestidos da força do Alto!" (cf. Lc 24:49).

As graças e os milagres do Senhor sempre são frutos de uma obediência, assim como as desgraças e suas consequências mortais nascem da desobediência do homem (cf. Dt 30:15ss). Assim, o "paraíso perdido" pela desobediência dos nossos progenitores volta a abrir-se pela "obediência até à morte" ao nosso amado Senhor Jesus Cristo, para aqueles que, como Ele, obedecem ao mandamento novo = amar até dar a própria vida por amor (cf. Jo 13:34-35). Este amor é derramado em nossos corações "pelo Espírito Santo que nos foi dado" (Rm 5:5), mas "o Espírito é dado àqueles que lhe obedecem" (At 5:32):

PERMANECERAM os apóstolos no Cenáculo com Maria, a Mãe de Jesus, pois Ela PERMANECEU de pé, aos pés da cruz (cf. Jo 19:25), na luta daquele que, "lutador destemido", PERMENECEU na Cruz até que "tudo fosse consumado!" (cf. Jo 19:30).

PERMANECEU Maria Madalena fora do túmulo (cf. Jo 20:11) naquela primeira manhã de Páscoa e, por ter PERMANECIDO, tornou-se a "primícia da Igreja santa e pecadora", testemunha da Misericórdia do Senhor Ressuscitado, que transforma os pecadores em santos e testemunhas da Sua Misericórdia infinita.

PERMANECERAM os Apóstolos e PERSEVERARAM em oração, no Cenáculo, até serem revestidos da força do Alto (cf. At 1:14), pois a prece nos torna criaturas "revestidas de onipotência" do Pai, testemunhas até o martírio do Amor, do Amor que morreu por nós!

PERMANECEM unidos no Seu Amor aqueles que PERMANECEM unidos na oração sem cessar (cf. 1Ts 5:17) sem cansar (cf. Ex 17: 8ss).

PERMANECEI em Mim... como o galho PERMANECE unido à videira, pois "sem Mim nada podeis fazer" (cf. Jo 15,1-5).

Sim, quero PERMANECER até o fim dos quarenta dias, até o último momento, até a hora do Pentecostes, até as 9 horas da manhã daquele radioso dia em que o Senhor nos fez novas criaturas para fazer novas todas as coisas!

Quero PERMANECER, até a última hora da minha existência, na luta e na fidelidade, pois eu sei que o meu Senhor é um Deus de promessa, Deus de Aliança, de Misericórdia, e sua Palavra não falhará se eu permanecer na obediência à Sua Palavra.

PERMANECEI... EU PERMANEÇO! Vem, Espírito Santo!

6. Luz da Espiritualidade

"Permanecei": permanecer neste grande mistério, permanecer neste novo dom do Senhor, que nos fez povo em Si mesmo, em Seu Corpo e em Seu Sangue. Parece-me que é preciso meditar muito este mistério, o de que Deus se fez corpo, um conosco; Sangue, um conosco; que podemos permanecer – permanecendo neste mistério – em comunhão com Deus, nesta grande história de amor, que é a história da verdadeira felicidade. Meditando sobre este dom – Deus tornou-se um com todos nós e, ao mesmo tempo, faz-nos todos um só, uma videira – também temos de começar a rezar para que esse mistério penetre mais e mais em nossas mentes, nossos corações e cada vez mais sejamos capazes de ver e experimentar a grandeza do mistério e, assim, começar a realizar este imperativo: "Permanecei".[14]

7. Propósito do dia

Orar em línguas por, pelo menos, cinco minutos. Peçamos, neste dia, o dom da fortaleza e tenhamos, como propósito, perseverar até o fim destes dez dias, neste Cenáculo de Amor. Se não souber orar em línguas, repita simplesmente no seu coração e nos seus lábios, serenamente, em atitude de confiança e abandono, "amém, amém, amém...", contemplando este amor que nos convida a "permanecer".

8. Avaliação do dia

a) Exame de consciência pessoal.
b) Avaliação do caminho (deve ser feita à noite).
Cumpri o propósito do dia? Alcancei a meta?

☐ SIM   ☐ NÃO

Em caso negativo, por que não conseguiu? O que faltou?
_____
_____
_____

9. Ato penitencial
Faça um pedido de perdão espontâneo ou diga as seguintes palavras: "Meu Deus, eu me arrependo de todo o coração de Vos ter ofendido, porque sois tão bom e amável. Prometo, com a Vossa graça, esforçar-me para ser bom. Meu Jesus, misericórdia!".

10. Oração de poder
"Senhor Jesus Cristo, renova em nossos dias Teus milagres, para que possamos ver a força da Tua misericórdia. Que a ação do Teu Espírito Santo, que modelou os Teus discípulos e deu início a Tua Igreja, seja a mesma hoje e sempre. Renove em nossos dias o vigor de Pentecostes. Abre o nosso coração para sentir a Tua presença. Abre a nossa mente para compreender a Tua palavra. Inunda a nossa alma com a ação do Teu Espírito. Que vejamos Teus milagres, curas, libertações e conversões em nosso meio. Que a nossa comunidade seja testemunha viva da Tua palavra. Que Pentecostes seja, para nós, um novo começo de unidade entre todos aqueles que proclamam Teu nome. Que a intercessão de Tua Mãe, presente naquele santo e extraordinário cenáculo, faça-nos vivenciar um novo Pentecostes. Amém."

Padre Moacir Anastácio

Segunda chave para um novo Pentecostes de Misericórdia

Segundo dia do Cenáculo de Amor

Orar

1. Palavra do dia
   "Pedi e se vos dará. Buscai e achareis. Batei e vos será aberto. Porque todo aquele que pede, recebe. Quem busca, acha. A quem bate, abrir-se-á. Quem dentre vós dará uma pedra a seu filho, se este lhe pedir pão? E, se lhe pedir um peixe, dar-lhe-á uma serpente? Se vós, pois, que sois maus, sabeis dar boas coisas a vossos filhos, quanto mais vosso Pai celeste dará boas coisas aos que lhe pedirem". (Mt 7:7-11)

2. Meta
Alcançar uma intimidade com o Espírito Santo de Deus, que é o Amor, através da oração em línguas. Fazer que o meu viver, hoje, se torne oração.

3. Oremos
Com Maria, Imaculada do Espírito Santo:
   "Imaculada do Espírito Santo, pelo poder que o Eterno Pai te deu, sobre os anjos e arcanjos, envia-nos fileiras de anjos, com o chefe São Miguel Arcanjo, para livrar-nos do maligno e curar-nos. Amém."

Pedimos ao Espírito Santo:
   "Vinde Espírito Criador, as nossas almas visitai,
   e enchei os nossos corações com vossos dons celestiais.

Vós sois chamados o Intercessor, de Deus excelso dom sem-par,
a fonte viva, o fogo, o amor, a unção divina e salutar.

Vós sois doador dos sete dons e sois poder na mão do Pai,
por Ele prometido a nós e por nós seus feitos proclamai.

A nossa mente iluminai, os corações enchei de amor,
nossa fraqueza encorajai, qual força eterna e protetor.

O nosso inimigo repeli e concedei-nos vossa paz,
se pela graça nos guiais, o mal deixamos para trás."

4. Luz da Palavra

"Passando por ali de manhã, viram a figueira seca até as raízes. Pedro se lembrou e disse-lhe: 'Rabi, olha a figueira que amaldiçoaste: secou'. Jesus respondeu-lhes: 'Tende fé em Deus. Em verdade vos digo, se alguém disser a esta montanha: ergue-te e lança-te ao mar, e não duvidar no coração, mas crer que o que diz se realiza, assim lhe acontecerá. Por isso vos digo: tudo quanto suplicardes e pedirdes, crede que já o recebestes, e assim será para vós'." (Mc 11:20-25).

5. Meditação

A "chave" por excelência para abrir as comportas do Céu e as portas do coração à sua infinita Misericórdia chama-se oração!

O "Pentecostes" é a resposta de Deus para os corações que oram.

Diz a Palavra de Deus que "todos estes, unânimes, PERSEVERARAM NA ORAÇÃO, com algumas mulheres, entre as quais MARIA, a Mãe de Jesus, com os seus irmãos" (At 1:14).

Esta é a característica da primeira comunidade cristã e de todo cristão autêntico: "Eles se mostravam assíduos ao ensinamento dos apóstolos, à comunhão fraterna, à fração do pão e às orações" (At 2:42).

Sabemos que toda a vida cristã se resume, como dizia Cura D'Ars, em duas palavras: "Orar e amar". Na oração, recebemos o Amor de Deus, que, desta forma, pode transbordar nos irmãos como caridade fraterna. Orar é "acolher" o Amor, pois Deus é Amor, e como poderíamos amar se antes não recebêssemos este amor? Pela oração, o Coração de Deus vive e pulsa em nós, para podermos amar de verdade.

Em cada Eucaristia que recebo, sempre peço: "Senhor, eu não sei amar. Dá-me o Teu Coração, dá-me o Teu Amor, ama em mim, vive em mim, Jesus!".

A Palavra nos diz: "Nisto consiste o amor: não fomos nós que amamos a Deus mas foi Ele que nos amou primeiro" (I Jo 4:10). Orar é deixar-se amar por Deus, permanecer na Sua Presença.

Orar é o respiro da alma. Sem oração, a alma murcha, seca e morre como uma planta sem água.

Por isso, precisamos ORAR, ORAR, ORAR! Orar para experimentar o poder de Deus e de Seu Espírito em nossa vida: "Pedi e vos será dado, buscai e achareis (...) O PAI DARÁ O ESPÍRITO SANTO ÀQUELES QUE O PEDIREM" (Lc 11: 9-13).

Orar para não cair em tentação (cf. Lc 22:40), pois não é pelo nosso esforço, mas pela graça que podemos superar as provações da vida e as tentações do inimigo!

Orar sem cessar (cf. 1Ts 5:17) e sem cansar, como Moisés, que ficava de braços levantados, para conseguir a vitória contra os amalecitas e não podia abaixá-los, pois pela sua intercessão Israel alcançava a vitória (cf. Ex 17:1).

Precisamos orar, orar, orar... permanecer em oração sem parar, sem cansar, sem desistir, ao longo deste tempo de Cenáculo para que o nosso viver, amar, trabalhar seja oração. Como nos ensina Santo Agostinho, se contínuo é o nosso desejo de Deus, contínua é a nossa oração.

- Posso ajudar-me de várias formas para permanecer na oração, através de breves jaculatórias ao longo do dia: "Jesus, te amo", "Só por ti Jesus", "Jesus, filho de Davi, tem piedade de mim, que sou pecador".
- Posso dedicar algum momento à oração em línguas ao levantar-me, no ônibus, andando na rua...
- Posso parar por um momento, descansando na presença da Eucaristia ou espiritualmente, como me ensinou um santo frei capuchinho da minha cidade, na Itália; ele permanecia em oração repetindo serenamente: "Senhor meu e Deus meu, em mim tu és, em ti sou eu!".

Enfim, orar sem cessar significa permanecer na Presença d'Aquele que é Amor. É viver, trabalhar, agir, relacionar-se, descansar... permanecendo no Amor, mergulhado no infinito oceano da Sua Misericórdia!

Seja esta a chave e o propósito deste segundo dia do nosso Cenáculo de Amor, na espera do Pentecostes de Misericórdia que o Senhor prepara para nós neste tempo de Graça: PERMANEÇAMOS EM ORAÇÃO!

"VEM, ESPÍRITO SANTO! VEM, ESPÍRITO DE AMOR!".

"PAI SANTO, EM NOME DE JESUS, ENVIAI VOSSO ESPÍRITO SANTO!".

6. Luz da Espiritualidade

A oração, o diálogo com Deus, é um bem incomparável, porque nos põe em comunhão íntima com Ele. Assim como os olhos do corpo são iluminados quando recebem a luz, a alma que se eleva para Deus é iluminada por Sua luz inefável. Falo da oração que não é só uma atitude exterior, mas que provém do coração e não se limita a ocasiões ou a horas determinadas, prolongando-se dia e noite, sem interrupção.

Com efeito, não devemos orientar o pensamento para Deus apenas quando nos aplicamos à oração; também no meio das mais variadas tarefas – como o cuidado dos pobres, as obras úteis de misericórdia ou quaisquer outros serviços do próximo – é preciso conservar sempre vivos o desejo e a lembrança de Deus (...).

A oração é a luz da alma, o verdadeiro conhecimento de Deus, a mediadora entre Deus e os homens. Pela oração, a alma se eleva até os céus e une-se ao Senhor num abraço inefável; como uma criança que, chorando, chama sua mãe, a alma deseja o leite divino, exprime seus próprios desejos e recebe dons superiores a tudo o que é natural e visível.

A oração é venerável mensageira que nos leva à presença de Deus, alegra a alma e tranquiliza o coração. Não pense que essa oração se reduza a palavras. Ela é desejo de Deus, amor inexprimível que não provém dos homens, mas é efeito da graça divina, como diz o Apóstolo: "Nós não sabemos o que devemos pedir, nem como pedir; é o próprio Espírito que intercede em nosso favor, com gemidos inefáveis" (Rm 8:26). (Das Homilias do Pseudo-Crisóstomo).

7. Propósito do dia
Estar na presença de Deus o dia todo, em profunda intimidade com Ele através da oração, e, assim, elevar-me no amor ao próximo. Hoje irei oferecer cada minha boa ação ao Senhor como oração, e irei repetir muitas vezes, ao longo do dia, "Jesus, eu confio em vós!".

8. Avaliação do dia
a) Exame de consciência pessoal.
b) Avaliação do caminho (deve ser feita à noite).
Cumpri o propósito do dia? Alcancei a meta?

☐ SIM   ☐ NÃO

Em caso negativo, por que não conseguiu? O que faltou?
_____
_____
_____

9. Ato penitencial
Faça um pedido de perdão espontâneo ou diga as seguintes palavras: "Meu Deus, eu me arrependo de todo o coração de Vos ter ofendido, porque sois tão bom e amável. Prometo, com a vossa graça, esforçar-me para ser bom. Meu Jesus, misericórdia!".

10. Oração de poder
Oração de intimidade com o Senhor pela cura e libertação

"Senhor Jesus Cristo, Filho do Altíssimo e Eterno Pai, bondoso e compassivo, conheces minhas dores, minha solidão, minha depressão, minha angústia, as doenças que herdei dos meus antepassados, os males que me acometem neste momento; sabes do peso da cruz que eu carrego nestes dias. Por isso eu te peço agora, Senhor, cura-me, toca-me, abençoa-me. Abre as portas que se fecharam na minha frente, tira as pedras que apareceram em meu caminho, Senhor. Toca e fortalece minha alma, minha mente, meu corpo. Renova todas as células do meu corpo; que eu seja, agora, renovado, curado, abençoado. Que eu seja lavado com Teu amor, com Tua misericórdia; que eu seja liberto de todos os traumas que estão gravados na minha alma, no meu subconsciente. Que eu seja curado, Senhor, de todo sentimento de rejeição, de suicídio, de desprezo por mim mesmo. Que eu seja curado de todo espírito negativista que diz que eu não vou vencer, que eu não vou ser curado, que eu não vou para frente. Que eu seja curado, agora, de todo desânimo, de toda tristeza, de todos os traumas da infância, ou mesmo de antes de eu nascer; que eu seja tocado profundamente com Tua mão poderosa.

Que eu seja tocado, Senhor, nesta ferida que o mundo abriu em minha vida, naquele acontecimento que deixou um buraco na minha alma, na minha mente. Tu sabes, Senhor, que neste momento eu preciso ser curado, ser liberto. Tu sabes, Senhor, quanta carga negativa eu tenho carregado, quantos olhares maldosos, quantas palavras venenosas, cheias de ódio, foram dirigidas a mim. Sabes, Senhor, quantas maldições lançaram sobre mim, e que o Inimigo tem tirado proveito disso para me destruir. Por isso, agora, eu Te peço, levanta-Te em meu favor, e liberta-me de todo mal, de toda praga, de toda contaminação, de toda maldição. Liberta-me, Senhor, de todas as coisas que não vêm de Ti, de toda sujeira que entrou em minha vida, trazida pelo vento do mal.

Hoje eu peço a Tua graça, o Teu Espírito, a Tua luz, a Tua misericórdia. Senhor Jesus, visita minha alma e sonda o meu coração. Vê o meu consciente, o meu subconsciente, os meus pensamentos, as células doentes. Olha, Senhor, a minha garganta, o meu pescoço, os meus nervos, os meus ossos. Analisa, Senhor, todo espaço dentro de mim, verifica tudo aquilo que precisa ser modificado, as dores de coluna, as inflamações. Restaura todos os membros do meu corpo, ó Deus, minhas pernas, meus pés, meus dedos, meus braços, minhas mãos. Cura, Senhor Jesus, todos os órgãos do meu corpo, meus pulmões, meu coração, veias e artérias, meu pâncreas, meu fígado, meus rins. Senhor, sonda toda esta máquina que trabalha dia e noite. Verifica o meu estomago, livra-me de toda contaminação, seja por bebida, seja por comida; limpa agora meu estômago, Jesus, confio no Teu poder. Senhor, verifica a qualidade do meu sangue, da minha pele, Jesus, cada parte do meu corpo. Cura-me, Senhor, abençoa-me, toca-me, enche-me com Teu Espírito e com a Tua graça. Onde encontraste sinais de doenças genéticas, toca e cura-me, por Tua misericórdia. Sonda agora, Senhor, a minha alma, os traumas, a rejeição, as angústias, as dores, a depressão, a ansiedade, a insônia, tudo o que existe dentro de mim.

Creio, Senhor, que queres que eu seja feliz, que eu tenha saúde, que eu seja abençoado, renovado, tocado. Cerca-me com Teu amor, com o Teu carinho, com o Teu perdão, com a Tua misericórdia, com o Teu poder, com a Tua graça infinita, e que eu seja curado, Senhor."

"Deus amado, olha para essa pessoa que fez esta oração comigo agora, vê a sua situação. Neste exato momento, Senhor, derrama Teu Espírito na vida dela, que ela seja curada, abençoada, perdoada, renovada. Senhor, olha agora, com carinho, para esta pessoa que caminhou comigo até agora; que todo mal saia da vida dela, toda perturbação espiritual, emocional, toda doença física saia da vida dela agora. Tira da vida dela todo espírito de perturbação, contaminação, violência, acidente, morte, toda ação do mal. Afasta dela todo espírito maligno que deseja destruir sua vida. Elimina, Senhor, toda contaminação espiritual, maldições contra ela ou contra seus familiares. Faz maravilhas na vida dela, Jesus, destruindo todo poder satânico, todo poder das trevas. Tudo aquilo que tem derrotado esse Teu filho, essa tua filha, agora, em Teu Nome, Senhor, seja destruído, seja expulso, sejam desfeitas todas as obras do mal.

Deus Altíssimo, tira da vida desse Teu filho, dessa Tua filha, toda sujeira colocada por Satanás, por pessoas que fizeram trabalhos malignos, na intenção que essa pessoa adoecesse, enfraquecesse, morresse.

Agora, no Teu Nome, eu repreendo, Senhor, todo poder das trevas, toda ação diabólica na vida dessa pessoa, e, por Teu poder, pela Tua luz, pela Tua graça, em nome à Tua Igreja, eu liberto esse Teu filho, essa Tua filha.

Como sacerdote ordenado, eu tiro da sua vida, agora, todo poder das trevas, todo poder satânico, todo poder do mal; eu te liberto de todas as coisas que o mundo, as pessoas, os acontecimentos e todas as forças dos anjos do mal impuseram à sua vida. Eu te liberto no nome poderoso de Jesus Cristo, da Igreja de Jesus Cristo, pelo poder a mim conferido, pela minha ordenação sacerdotal, eu te liberto em nome do Pai, do Filho e do Espírito Santo."

Padre Moacir Anastácio

Terceira chave para um novo Pentecostes de Misericórdia

Terceiro dia do Cenáculo de Amor

Amar

1. Palavra do dia
 "Amados, amemo-nos uns aos outros, pois o amor vem de Deus." (I Jo 4:7).

2. Meta
Amar como Deus me ama, com o mesmo coração d'Ele.

3. Oremos
Com Maria, Imaculada do Espírito Santo:
 "Imaculada do Espírito Santo, pelo poder que o Eterno Pai te deu, sobre os anjos e arcanjos, envia-nos fileiras de anjos, com o chefe São Miguel Arcanjo, para livrar-nos do maligno e curar-nos. Amém."

Pedimos ao Espírito Santo:
 "Vinde Espírito Criador, as nossas almas visitai,
 e enchei os nossos corações com vossos dons celestiais.

 Vós sois chamados o Intercessor, de Deus excelso dom sem-par,
 a fonte viva, o fogo, o amor, a unção divina e salutar.

 Vós sois doador dos sete dons e sois poder na mão do Pai,
 por Ele prometido a nós e por nós seus feitos proclamai.

A nossa mente iluminai, os corações enchei de amor,
nossa fraqueza encorajai, qual força eterna e protetor.

O nosso inimigo repeli e concedei-nos vossa paz,
se pela graça nos guiais, o mal deixamos para trás."

4. **Luz da Palavra**
"Amados, amemo-nos uns aos outros, pois o amor vem de Deus e todo aquele que ama nasceu de Deus e conhece a Deus. Aquele que não ama não conheceu a Deus, porque Deus é Amor. Nisto se manifestou o amor de Deus por nós: Deus enviou o seu Filho único ao mundo para que vivamos por ele. Nisto consiste o amor: não fomos nós que amamos a Deus, mas foi ele quem nos amou e enviou-nos seu Filho como vítima de expiação pelos nossos pecados. Amados, se Deus assim nos amou, devemos, nós também, amar-nos uns aos outros." (I Jo 4,7-11).

5. **Meditação**
Este terceiro dia do Cenáculo é o dia do Amor: esta chave divina que nos abre ao dom do Espírito que é "sem medida" (cf. Jo 3:34).

O Apóstolo João, aquele que Jesus amava, nos faz entrar neste mistério através de três "NISTO... consiste o Amor". Queremos mergulhar e viver nestas três dimensões do Amor.

1) Na meditação do segundo dia, falamos que "NISTO consiste o Amor", no fato de que não fomos nós que amamos a Deus, mas que Ele nos amou primeiro (cf. I Jo 4:10).

Por isto, o primeiro passo da escola do Amor é acolher este Amor, é acolher a sua Palavra, deixarmos amar por Ele que deseja viver em nós. Este primeiro movimento do Amor é exatamente o que ontem buscamos viver: uma vida de ORAÇÃO, este movimento de Amor que se doa por nós sempre, sem medida, independentemente da nossa resposta, gratuitamente, como MISERICÓRDIA... "Ele me amou e se entregou por mim"... e Ele sempre me ama e se doa por mim sem medida pois "DEUS É AMOR" (I Jo 4:8).

2) Existe um segundo "NISTO" que queremos contemplar na escola de São João: "Nisto conhecemos o Amor, Ele deu a sua vida por nós...e nós também devemos dar a nossa vida pelos irmãos" (I Jo 3, 16). Esta dimensão do amor é bem concreta. Não deixa dúvidas. O próprio João explica claramente: "Se alguém, possuindo bens neste mundo vê o seu irmão na necessidade e lhe fecha as entranhas, como permaneceria nele o Amor de Deus?" (I Jo 3, 17). Só posso receber o Amor do Pai na medida em que me torno irmão. A nossa vida não pode parar nas palavras ou na oração!

"Não quem diz Senhor, Senhor entrará no Reino dos Céus..." (Mt 7:21) nos fala Jesus, e João acrescenta: "Filhinhos, não amemos com palavras nem com a língua, mas com ações e na verdade" (I Jo 3:18) pois "se alguém disser que ama a Deus mas odeia o seu irmão é um mentiroso: pois quem não ama ao seu irmão a quem vê, a Deus a quem não vê, não poderá amar" (I Jo 4:20).

Se no segundo dia falamos sobre ORAR, ORAR, ORAR..., no terceiro vamos AMAR, AMAR, AMAR..., amar a todos, amar sem distinção, gratuitamente, amar os inimigos... amar como Jesus amou! "Sede misericordiosos como o Pai é Misericordioso" (Lc 6:36) e esta é a meta do Jubileu da Misericórdia.

3) Existe, enfim, um terceiro "NISTO" no Amor.

É o caminho deste amor, chave do Paraíso e característica dos discípulos de Jesus: "Nisto reconhecerão todos que sois meus discípulos, se tiverdes amor uns pelos outros" (Jo 13:35).

Esta é realmente a chave que nos faz entrar na vida da Trindade Santíssima, que nos permite de "viver o Paraíso entre nós!". No Amor recíproco todo homem repousa, contempla, experimenta a alegria da Presença de Jesus e do Seu Espírito no meio de nós... o Espírito nos faz, assim, um só corpo, um só coração, uma só alma.

Como, então, viver, hoje, este Amor no Cenáculo que nos prepara ao Pentecostes de Misericórdia deste Jubileu?

Amando, Amando e, enfim, Amando. Eu posso simplesmente ser Amor com todos, sempre, mesmo com quem pecou, errou comigo ou me machucou e quando este amor, que não cansa e não desiste de ninguém, conseguirá despertar amor, a resposta de amor dos irmãos, então, pela Graça de Deus, as portas do Paraíso se abrirão para nós e experimentaremos uma nova efusão do Espírito Santo no Pentecostes de Misericórdia, neste Cenáculo, com Maria, a Mãe do amor, pois "o Amor de Deus foi derramado no nosso coração pelo Espírito Santo que nos foi dado" (Rm 5:5).

6. Luz da Espiritualidade

Senhor, quando eu tiver fome,
dai-me alguém que necessite de comida;
quando tiver sede, dai-me alguém que precise de água;
quando tiver frio, dai-me alguém que necessite de calor.
Quando tiver um aborrecimento,
dai-me alguém que necessite de consolo;
quando minha cruz parecer pesada,
dai-me compartilhar a cruz do outro;

quando me achar pobre,
ponde ao meu lado alguém necessitado.
Quando não tiver tempo,
dai-me alguém que precise de alguns dos meus minutos;
quando sofrer humilhação, dai-me ocasião para elogiar alguém;
quando estiver desanimada,
dai-me alguém para lhe dar novo ânimo.
Quando sentir necessidade da compreensão dos outros,
dai-me alguém que necessite da minha;
quando sentir necessidade de que cuidem de mim,
dai-me alguém que eu tenha que atender;
quando pensar em mim mesma,
voltai minha atenção para outra pessoa.
Tornai-nos dignos, Senhor,
de servir nossos irmãos
que vivem e morrem pobres e com fome no mundo de hoje.
E dai-lhes, através de nossas mãos, o pão de cada dia
e dai-lhes, graças o nosso amor compassivo,
a paz e a alegria.

Santa Madre Teresa de Calcutá

7. Propósito do dia
Cumprir gestos de amor concretos, aproveitando todas as oportunidades que o Senhor me dará para amar o meu próximo, tomando sempre a iniciativa e inspirando-me na oração de Santa Madre Teresa.

8. Avaliação do dia
a) Exame de consciência pessoal.
b) Avaliação do caminho (deve ser feita à noite).

Cumpri o propósito do dia? Alcancei a meta?

☐ SIM   ☐ NÃO

Em caso negativo, por que não conseguiu? O que faltou?
_____
_____
_____

9. Ato penitencial

Faça um pedido de perdão espontâneo ou diga as seguintes palavras: "Meu Deus, eu me arrependo de todo o coração de Vos ter ofendido, porque sois tão bom e amável. Prometo, com a Vossa graça, esforçar-me para ser bom. Meu Jesus, misericórdia!".

10. Oração de poder
Oração pelo casamento

Hoje queremos orar por todos os casais, para que o sacramento do Amor seja berço sagrado e santo em que a vida é gerada, acolhida, acompanhada e amada em todas as fases da sua existência.

> "Deus eterno e bondoso, que esse sacramento, que um dia foi confirmado na Tua presença, pela Tua luz e pela Tua graça, seja para esse casal fonte de felicidade e paz. Olha para estes Teus filhos que um dia fizeram aliança contigo diante do altar, na presença do sacerdote; eles prometeram viver para sempre essa unidade. Portanto, peço, Senhor, que tires da vida desse casal toda ação diabólica, tudo aquilo que separa, magoa, provoca ira. Olha para cada um deles agora, Senhor; que a unção poderosa do Teu Espírito toque nesse casal; que sintam a Tua presença, a Tua força, a Tua graça, a Tua mão poderosa unindo-os cada vez mais;

que haja um só coração, uma só alma e um só espírito nessa casa; que haja tranquilidade e a alegria da entrega.

Deus amado, afasta desse casal toda ação diabólica, todo espírito de separação, todo espírito de morte, todo espírito de julgamento, de condenação; retira desse casal, agora, todo poder das trevas e todo poder do pecado. Senhor, coloca nesse casal a unção poderosa do Teu espírito renovador, transformador; que esse casal agora sinta a Tua presença e a Tua graça, sinta o Teu poder e a Tua fidelidade, que esse casal agora veja com os Teus próprios olhos, Senhor, a alegria de ter o Teu sacramento; que esse casal se valorize, Senhor, que esse casal se ame, que esse casal seja liberto de todo mal, que esse casal, agora, conheça a Tua libertação, a Tua renovação e a Tua graça na vida deles. Tu que dissestes: 'aquilo que Deus uniu o homem não separe', hoje, Senhor, eu confirmo as Tuas palavras na vida desse casal, que nada neste mundo separe esse casal, que esse casal permaneça firme, que esse casal permaneça corajoso, que esse casal permaneça liberto e curado de toda ação do mal e de toda força negativa; que esse casal se depare com a Tua misericórdia, com a Tua graça, com o Teu amor, com o Teu poder. Que pela Tua força e pela Tua fidelidade esse casal encontre, agora, o que ainda não encontrou. Deus, nestes anos de caminhada, anos de luta, esse casal cansou, esse casal ficou desanimado diante dos problemas, ferido, Senhor, machucado, angustiado e deprimido, mas hoje eu oro por eles. Invocando o Espírito Santo na vida deles para que verdadeiramente encontrem a paz, o perdão, o amor, e possam Te encontrar, porque, no Teu nome, Senhor, eu abençoo esse casal. Que ele possa progredir cada vez mais na unção do Teu Espírito."

Padre Moacir Anastácio

Quarta chave para um novo Pentecostes de Misericórdia

Quarto dia do Cenáculo de Amor

Desejar

1. Palavra do dia
 "Se alguém tem sede, venha a mim e beberá." (Jo 7:37)

2. Meta
Dilatar nosso desejo por Deus e nosso amor por Ele pela ação do Espírito Santo.

3. Oremos
Com Maria, Imaculada do Espírito Santo:
 "Imaculada do Espírito Santo, pelo poder que o Eterno Pai te deu, sobre os anjos e arcanjos, envia-nos fileiras de anjos, com o chefe São Miguel Arcanjo, para livrar-nos do maligno e curar-nos. Amém."

Pedimos ao Espírito Santo:
 "Vinde Espírito Criador, as nossas almas visitai,
 e enchei os nossos corações com vossos dons celestiais.

 Vós sois chamados o Intercessor, de Deus excelso dom sem-par,
 a fonte viva, o fogo, o amor, a unção divina e salutar.

 Vós sois doador dos sete dons e sois poder na mão do Pai,
 por Ele prometido a nós e por nós seus feitos proclamai.

A nossa mente iluminai, os corações enchei de amor,
nossa fraqueza encorajai, qual força eterna e protetor.

O nosso inimigo repeli e concedei-nos vossa paz,
se pela graça nos guiais, o mal deixamos para trás."

4. Luz da Palavra

"No último dia de festa, o mais solene, Jesus, de pé, disse em alta voz: 'Se alguém tem sede, venha a mim e beberá, aquele que crê em mim!', conforme a palavra da Escritura: De seu seio jorrarão rios de água viva. Ele falava do Espírito que deviam receber aqueles que haviam crido nele, pois não havia ainda Espírito porque Jesus ainda não fora glorificado." (Jo 7:37-39).

5. Meditação

Existe uma chave no coração de cada homem que é capaz de abrir as comportas da Misericórdia divina e dilatar a nossa capacidade de amar, a qual se chama DESEJO.

Desejar é dilatar o coração para acolher e "atrair", de forma misteriosa, o Amor de Deus para nossa vida. O desejo é como a sede da alma. Por isso, Santo Agostinho diz que o nosso coração é feito para Deus e não encontrará paz enquanto não descansar em Deus!

Agora podemos entender melhor por que Jesus, numa certa altura de sua vida, na festa das Tendas, uma das mais importantes festas judaicas, de pé, em alta voz, disse: "Se alguém tem sede, venha a mim e beberá, aquele que crê em mim, conforme a Palavra da Escritura, do seu seio correrão rios de água viva" (Jo 7:37-38).

Talvez por isso, antes de sua morte, o Senhor, na intimidade da última ceia, quis revelar para os seus Apóstolos a presença do seu Espírito Santo, de forma que eles o pudessem conhecer, o pudessem desejar. Ele quis despertar neles o DESEJO do Espírito para que o aguardassem, o procurassem, o invocassem sem cessar. "(...) Rogarei ao Pai e Ele vos dará outro Paráclito para que convosco permaneça para sempre (...) não vos deixarei órfãos. O Paráclito, o Espírito Santo, que o Pai enviará em meu nome, vos ensinará tudo, vos recordará tudo o que vos disse (...)" (cf. Jo 14:15ss).

Por que o desejo é tão importante? Porque o Espírito Santo não chega a nós pelos nossos méritos..., mas pelos méritos da Paixão, Morte e Ressurreição de Nosso Senhor Jesus Cristo, que nos dá o "Espírito sem medida".

Nunca me esqueço da oração de um querido filho meu que, enquanto vivia no pecado, no deserto de sua alma, invocou o dom do Espírito Santo com estas palavras: "Senhor, eu não mereço, mas eu preciso, eu quero, manda o Teu Espírito!".

Naquele dia, ele foi batizado com poder no Espírito Santo e sua vida foi transformada radicalmente!

Hoje é um homem novo, evangelizador de fogo, instrumento dócil nas mãos do Senhor!

Os santos nos ensinam que "O Senhor nunca suscita no nosso coração desejos que Ele não queira realizar" (Santa Terezinha do Menino Jesus) e que "todo desejo de amar já é amor!" (Santa Gertrudes).

Este é então o dia de desejar. Seja o desejo de Deus a chave que nos abre hoje ao dom do Espírito Santo! Como crianças do Reino, abrimos o nosso coração ao desejo do Espírito que geme em nós. A oração em línguas é a oração dos pequenos, dos pobres, dos sedentos, pois na humildade das crianças o Espírito ora em nós, que não sabemos o que pedir, com gemidos inexprimíveis!

Até o desejo de desejar já é Amor!

"Vinde Espírito Santo, eu tenho sede de Ti, a minha alma anela a Ti, a minha carne tem sede de Ti como terra árida, sedenta, sem água!"

Os abençoo para que vivam esta novena de graça, no poder do Espírito Santo!

6. Luz da Espiritualidade

"'Meu coração grita e geme de dor" (Sl 37,9). Há gemidos ocultos, que não são ouvidos pelos homens. Contudo, se o coração está possuído por tão ardente desejo que a ferida interior do homem se manifesta em sons externos, procuramos a causa e dizemos a nós mesmos: "talvez ele tenha razão de gemer; e talvez lhe tenha ocorrido algo. Mas quem pode compreender esses gemidos, senão Aquele a cujos olhos e ouvidos eles se dirigem?". Por isso diz: "Meu coração grita e geme de dor", porque os homens, se às vezes ouvem os gemidos de um homem, ouvem frequentemente os gemidos da carne, mas não ouvem o que geme em seu coração. E quem seria capaz de compreender por que grita? Escuta o que diz: "Diante de Vós está todo o meu desejo" (Sl 37,10). Não "diante dos homens", que não podem ver o coração, mas "diante de Vós" está todo o meu desejo. Se, pois, o teu desejo está diante do Pai, Ele que vê o que está oculto, te recompensará.

Teu desejo é a tua oração: se o desejo é contínuo, também a oração é contínua. Não foi em vão que o Apóstolo disse "Orai sem cessar" (I Tss 5:17). Será preciso ter sempre os joelhos em terra, o corpo prostrado, as mãos levantadas, para que ele nos diga "Orai sem cessar"? Se é isto o que chamamos orar, não creio que possamos fazê-lo sem cessar.

Há outra oração interior e contínua: é o desejo. Ainda que faças qualquer outra coisa, se desejas aquele "repouso do sábado eterno", não cessas de orar. Se não queres cessar de orar, não cesses de desejar.

Se teu desejo é contínuo, a tua voz é contínua. Ficarás calado, se deixares de amar. Quais são os que se calaram? Aqueles de quem foi dito: "A maldade se espalhará tanto, que o amor de muitos esfriará" (Mt 24:12).

O arrefecimento da caridade é o silêncio do coração; o fervor da caridade é o clamor do coração. Se a tua caridade permanece sempre, clamas sempre; se clamas sempre, desejas sempre; se desejas, tu te recordas do repouso eterno.

"Diante de Vós está todo o meu desejo". Se o desejo está diante de Deus, o gemido não estará? Como poderia ser assim, se o gemido é a expressão do desejo?

Por isso o Salmista continua: "Meu gemido não Vos é oculto" (Sl 37:10): "Não é oculto para Deus, mas é oculto para a multidão dos homens. Ouve-se por vezes um humilde servo de Deus dizer: "'Meu gemido não Vos é oculto e vê-se também esse servo sorrir'. Será por que o desejo está morto em seu coração? Se o desejo permanece, também permanece o gemido; este nem sempre chega aos ouvidos dos homens, mas nunca está longe dos ouvidos de Deus".[14]

7. Propósito do dia
Parar durante meia hora e rezar, expressando a Deus nossos desejos e o anseio de ser d'Ele, por Ele e n'Ele; deve ser um momento profundo, uma declaração de amor para o Senhor. Começar e terminar com a oração em línguas.

8. Avaliação do dia
a) Exame de consciência pessoal.
b) Avaliação do caminho (deve ser feita à noite).

Cumpri o propósito do dia? Alcancei a meta?

☐ SIM   ☐ NÃO

Em caso negativo, por que não conseguiu? O que faltou?

_____

_____

_____

9. Ato penitencial
Faça um pedido de perdão espontâneo ou diga as seguintes palavras: "Meu Deus, eu me arrependo de todo o coração de vos Ter ofendido, porque sois tão bom e amável. Prometo, com a vossa graça, esforçar-me para ser bom. Meu Jesus, misericórdia!".

10. Oração de poder
Oração para a libertação das drogas e outros vícios.
Oremos hoje para todos aqueles que foram confundidos em seus desejos nos falsos desejos de drogadição e outros vícios.

> "Deus de misericórdia, Senhor da vida e da história, Tu que cuidaste de Adão depois que caiu, que tiraste Jonas do ventre de uma baleia, Tu, Senhor, que caminhaste com Daniel na cova dos leões. Deus eterno e bondoso, Senhor, Tu que alimentaste o profeta Elias quando ele pedia a morte no deserto. Também eu Te peço pela vida deste teu filho, que sofre as dores do pecado, das trevas, das tentações e das ciladas. Senhor, eu Te peço que, assim como salvaste Daniel da boca dos leões, salves agora esse filho amado. Salva-o de todos aqueles que desejaram ou quiseram a morte dele. Armaram, Senhor, para ele receber todo esse sofrimento e essa carga de maldição, de contaminação. Quanto sofrimento foi causado a essa família! Agora, Senhor, eu posso glorificar Teu Nome e, com fé, sustentar essa cura, esse milagre, essa libertação.

Que este Teu filho encontre, agora, o descanso, a paz, a cura; que Teu filho seja liberto de todas as pessoas que planejam a destruição de sua vida e de sua família. Que afaste agora, assim como afastaste os leões de Daniel, afasta agora todos aqueles que planejam contra a vida dele, afasta as pessoas, Senhor, que ainda não Te conhecem e que são escravas do mal; afasta da casa desse Teu filho todas as perturbações trazidas pelo mundo das trevas, das drogas, da bebida, da prostituição. Ó Senhor, que conheces! Ó Senhor que sabes! Pela Tua misericórdia ordena, assim como ordenastes à baleia levar Jonas à praia e jogá-lo fora do seu ventre, agora, Senhor, faz que essas pessoas se afastem; que a partir de agora Teus anjos possam caminhar com ele, viver com ele. Senhor, pela Tua misericórdia, coloca a paz no coração desse teu filho, para que, a partir de agora, ele só tenha sede de Ti, ele só tenha amor por Ti, que ele só tenha a Tua companhia, o Teu perdão e a Tua misericórdia. Amém."

Padre Moacir Anastácio

Quinta chave para um novo Pentecostes de Misericórdia

Quinto dia do Cenáculo de Amor

Arrepender-se

1. Palavra do dia
   "Arrependa-se e vivam!" (Ez. 18,30)

2. Meta
Abrir o coração ao Espírito Santo, que conhece o nosso coração e "nos assiste em nossas fraquezas".

3. Oremos
Com Maria, Imaculada do Espírito Santo:
   "Imaculada do Espírito Santo, pelo poder que o Eterno Pai te deu, sobre os anjos e arcanjos, envia-nos fileiras de anjos, com o chefe São Miguel Arcanjo, para livrar-nos do maligno e curar-nos. Amém."

Pedimos ao Espírito Santo:
   "Vinde Espírito Criador, as nossas almas visitai,
   e enchei os nossos corações com vossos dons celestiais.

   Vós sois chamados o Intercessor, de Deus excelso dom sem-par,
   a fonte viva, o fogo, o amor, a unção divina e salutar.

   Vós sois doador dos sete dons e sois poder na mão do Pai,
   por Ele prometido a nós e por nós seus feitos proclamai.

A nossa mente iluminai, os corações enchei de amor,
nossa fraqueza encorajai, qual força eterna e protetor.

O nosso inimigo repeli e concedei-nos vossa paz,
se pela graça nos guiais, o mal deixamos para trás."

4. Luz da Palavra
"Portanto, ó nação de Israel, eu os julgarei, a cada um de acordo com os seus caminhos. Palavra do Soberano, o Senhor. Arrependam-se! Desviem-se de todos os seus males, para que o pecado não cause a queda de vocês. Livrem-se de todos os males que vocês cometeram e busquem um coração novo e um espírito novo. Por que deveriam morrer, ó nação de Israel? Pois não me agrada a morte de ninguém. Palavra do Soberano, o Senhor. Arrependam-se e vivam!" (Ez 18:30-32).

5. Meditação
São João explica, com profunda propriedade, a ação do Espírito Santo na nossa vida no capítulo 16 do seu Evangelho. Ele nos diz que o Espírito realiza três movimentos na vida da nossa alma:
    1) "Estabelecerá a culpabilidade do mundo a respeito do pecado,
    2) da justiça
    3) e do julgamento" (Jo 16:8).

São João Paulo II explica, de forma maravilhosa, esta Palavra. Ele diz que o Espírito Santo:
    1) Dá-nos a consciência do pecado, movendo o nosso coração ao arrependimento;
    2) dá-nos a certeza da justiça de Deus, que é a justificação do Cristo que nos redimiu pelo Seu sangue e abre o nosso coração à confiança na Sua Misericórdia;

3) dá-nos a certeza da vitória do Senhor sobre toda obra do Maligno, pois Ele "veio para destruir as obras do diabo" (I Jo 3:8) e Nele somos mais que vitoriosos (cf. Rm 8:37).

Desta forma, São João Paulo II explica o pecado contra o Espírito Santo, aquele pecado que não pode ser perdoado, e que consiste em:
1) Não se reconhecer pecador;
2) não confiar, não acolher a Sua Misericórdia;
3) não aceitar a Graça da vitória de Jesus sobre todo o mal.

No dia de hoje, queremos pedir ao Espírito Santo que possa realizar em nós este primeiro e essencial movimento para a nossa salvação: O ARREPENDIMENTO! A graça da conversão que nasce pela consciência e reconhecimento do nosso pecado.

Quando o Espírito penetra na nossa vida, Ele opera como um raio de luz que, entrando num quarto escuro, vai iluminando tudo, mostrando assim tudo que está sujo, toda a poeira que até então não percebíamos ao nosso redor.

Ele não chega, porém, como acusador, mas como doce chama de amor que nos enche de saudade do Céu, da santidade, da pureza, e nos inflama, levando-nos a um desejo profundo de conversão, de arrependimento, de mudança de vida.

Muitas vezes, esta ação do Espírito Santo nos traz o dom das lágrimas e nos impulsiona a buscar o perdão de Deus na confissão e a voltar ao primeiro Amor!

É uma experiência belíssima e dolorida ao mesmo tempo, pois purifica o nosso coração, que, de repente, toma consciência de quantos pecados cometíamos e de quantas atitudes tomávamos e que nos afastavam do Amor de Deus.

Esta experiência é uma graça de Deus, a qual podemos suplicar neste dia do nosso Cenáculo de Amor, na espera do Pentecostes de sua Misericórdia!

"Senhor, mostra-me os pecados que não vejo. Senhor, desperta-me do entorpecimento do pecado, não permita que me acostume aos vícios, que me roubam do seu Amor; dá-me a graça de pedir perdão, de reconhecer-me pecador, de reconciliar-me com quem me ofendeu ou com quem eu feri, talvez sem perceber. Livra-me da indiferença perante o sofrimento dos outros, dá-me um coração novo!".

Esta é a experiência de Pedro na pesca milagrosa: "Senhor, afasta-te de mim, pecador!" (Lc 5:8). E, ainda, após a traição dele, quando, cruzando seu olhar com o do mestre, chorou amargamente. É a experiência de Maria Madalena, que chorou aos pés de Jesus, lavando-os com suas lágrimas, enxugando-os com seus cabelos; de Paulo, quando, cegado por uma grande luz no caminho de Damasco, ouviu a voz do Senhor, que lhe dizia: "Eu sou Jesus, a quem você persegue" (At 9:5).

ARREPENDER-SE! Esta é a palavra-chave deste quinto dia do nosso Cenáculo. Busquemos, então, um momento ao longo destas 24 horas para colocar nossa alma na luz do Senhor que nos dá vida, pois assim está escrito: "ARREPENDEI-VOS (...) E RECEBEREIS O ESPÍRITO SANTO!" (At 2:38).

6. Luz da Espiritualidade

O arrependimento cristão não é redutível nem comparável a nenhuma experiência de uma religião natural. Não se pode assimilá-lo sem perigo do ridículo e cair no desequilíbrio. É fruto do Espírito Santo e um dos sinais menos discutíveis de sua ação na alma.

Porque ninguém pode reconhecer seu pecado sem, ao mesmo tempo, ter reconhecido a Deus. Desse modo, o pecador, no momento em que Deus o perdoa e no qual é, por assim dizer, recuperado e restituído à graça, torna-se, contra toda esperança, o lugar onde Deus se torna sensível ao coração do homem. Não há outro caminho para encontrar verdadeiramente a Deus e para conhecê-lo fora deste caminho da conversão. Antes dela, Deus era apenas uma palavra, um conceito análogo, um pressentimento, um desejo, o Deus dos filósofos e dos poetas, porém ainda não o Deus que se revela, por excesso de amor. Porque o Senhor veio para os pecadores, para morar e comer com eles, não com os justos (Mt 9:13, 18:11). Deus se faz conhecer perdoando. Quanto ao pecador, será medindo o abismo de seu pecado que ele descobrirá o abismo da misericórdia, no momento em que um conhecimento se sobrepõe ao outro e o absorve. Esse momento constitui a experiência evangélica absolutamente primeira e fundamental (Arrependimento – André Louf, Arrependimiento y Experiencia de Dios, CM 22, P. 25).

7. Propósito do dia
Fazer um profundo exame de consciência e procurar um sacerdote para confissão.

8. Avaliação do dia
a) Exame de consciência pessoal.
b) Avaliação do caminho (deve ser feita à noite).

Cumpri o propósito do dia? Alcancei a meta?

☐ SIM   ☐ NÃO

Em caso negativo, por que não conseguiu? O que faltou?
_____
_____
_____

9. Ato penitencial
Faça um pedido de perdão espontâneo ou diga as seguintes palavras: "Meu Deus, eu me arrependo de todo o coração de Vos ter ofendido, porque sois tão bom e amável. Prometo, com a Vossa graça, esforçar-me para ser bom. Meu Jesus, misericórdia!".

10. Oração de poder
Oração para a libertação espiritual
Neste dia, iremos orar pela libertação espiritual de todo obstáculo e empecilho ao nosso arrependimento e à nossa conversão. Renunciemos a Satanás, a toda sua obra e sedução! Pode-se orar para si mesmo ou para outra pessoa, nomeando aquele pelo qual desejamos pedir libertação.

"Deus eterno e misericordioso, pelo nome poderoso de Jesus Cristo, eu quero renunciar, agora, a todo poder do mal e das trevas, a toda maldição, a toda contaminação e a toda cilada, a toda ação diabólica. Eu renuncio, agora, a todo trabalho de feitiçaria, de bruxaria. Eu renuncio, agora, a todos os espíritos de terreiro, espírito de encruzilhada, no nome de Jesus Cristo; a toda cilada satânica, a todo espírito de acidente, de feitiçaria, de bruxaria, de perdição, de bebedeira; eu renuncio a todo espírito de alcoolismo, eu renuncio em nome de Jesus Cristo, a toda ação diabólica dentro da nossa casa, dentro do nosso trabalho, eu renuncio em nome de Jesus Cristo; eu renuncio, agora, a todo o mal. Espírito de doença, de perturbação, de condenação, de maldição, de praga, de inveja, no nome poderoso de Jesus Cristo, eu renuncio! A todo espírito de desemprego, de ansiedade, de depressão, estou renunciado no nome de Jesus Cristo. Toda cilada satânica e todas as forças do inimigo, no poder de Jesus Cristo, eu ordeno que saiam da minha vida hoje. Todo espírito de adultério, de medo, de pânico, estou renunciando no nome de Jesus Cristo; a toda contaminação por comida, por bebida, eu renuncio no nome de Jesus Cristo; a toda contaminação que me levou à prostração, que tem nos levado à prostração, estou renunciando no nome de Jesus Cristo. Ordeno, no nome de Jesus Cristo, que desapareça toda ação das trevas, todos os poderes que estão nos ares, que não vêm de Deus. Ordeno que saia da nossa frente tudo aquilo que é atraso, tudo aquilo que é espírito de doença, tudo aquilo que é espírito de separação, no nome do Senhor, nós nos afastamos de todas as trevas da nossa vida, da nossa casa e do nosso trabalho. É no nome de Jesus Cristo que nesse dia ordeno que vá para longe da minha vida, para longe da minha casa, para longe do meu trabalho, toda cilada diabólica e todo e qualquer poder das trevas.

No poder de Jesus Cristo, eu estou liberto de todos os espíritos do mal, de todas as doenças contagiosas, de todas as forças negativas, de todas as forças que não vêm de Deus. Que sejam quebradas, no nome de Jesus Cristo, todas as correntes que nos prendem no pecado, no espírito de ódio, rancor, de revolta, de mágoa; hoje, no nome de Jesus Cristo, quero ser livre, quero viver como filho de Deus, e, vivendo como filho de Deus, não aceito mais nenhum espírito de perturbação em torno de mim e perto de mim. Hoje, no nome de Jesus Cristo, eu sou liberto de todo espírito de maldade, de rancor, de perdição; eu sou liberto de todas as doenças hereditárias, de todas as forças negativas, de todo espírito invejoso, de todo espírito de suicídio.

No nome de Jesus Cristo, hoje eu tomo posse da graça, do poder, da vontade de Deus, da libertação que o Senhor está fazendo na minha vida. É pelo nome de Jesus Cristo que eu sou livre, renovado, curado, tocado pela mão do Senhor. Tudo aquilo que me acompanhou, e que durante esses anos tem me acompanhado, que acompanhou minha família de geração em geração, neste exato momento, eu corto.

No poder de Jesus Cristo, eu ordeno que desapareça da minha família, que deixe a minha família em paz; no nome poderoso de Jesus Cristo, que todo espírito de alcoolismo desapareça dos meus parentes, dos meus amigos e da minha própria vida. Ordeno que todos os vícios das drogas, dos remédios, do cigarro, tudo aquilo que é dependência, possa sair da nossa vida hoje, no nome de Jesus Cristo; porque no nome do Senhor eu sou liberto, eu sou forte o suficiente para renunciar; estou renunciando na graça do Senhor Jesus Cristo e no seu poder.

Hoje eu sou liberto, no nome de Jesus Cristo, de todas as coisas que não vêm de Deus. Se alguém fez feitiçaria para a minha vida, para a minha família ou para minha casa, que essa feitiçaria hoje, no nome de Jesus Cristo, perca o seu efeito. Se alguém, por acaso, levou a minha imagem, minhas roupas ou objetos para serem consagrados ao Inimigo, para que ele me atacasse, hoje eu renuncio no nome de Jesus Cristo. Se alguém da minha família me jogou praga, se os meus pais pensaram mal de mim, ou me jogaram algum tipo de praga, ou tiveram pensamentos negativos sobre mim, eu estou renunciando no nome de Jesus Cristo, e os perdoo. Hoje, no nome de Jesus Cristo, eu quebro essa corrente do mal, se alguns dos meus irmãos também me desejaram mal ou me jogaram pragas, na força de Jesus Cristo eu renuncio. Para a glória de Deus Pai e no poder de Jesus Cristo, que sejam quebradas todas as pragas dos meus pais e dos meus irmãos. Eu coloco aos pés da cruz de Jesus Cristo toda ação das trevas que atenta contra a minha vida, porque, olhando para o Cristo ressuscitado, eu ressuscito com Ele do meio dessas dificuldades. Para a glória de Deus Pai, eu sou livre, hoje, para dizer não ao mal, não a Satanás, não às trevas, e eu dou o meu sim para o Senhor, como filho de Deus, amado por Deus, eu digo para o Senhor: 'Eis-me aqui', e por isso eu vencerei todos os obstáculos, pois o Senhor está comigo. Amém."

Padre Moacir Anastácio

Sexta chave para um novo Pentecostes de Misericórdia

Sexto dia do Cenáculo de Amor

Confiar

1. Palavra do dia
   "No mundo tereis tribulações; mas tende confiança: Eu já venci o mundo!" (Jo 16:33)

2. Meta
Aumentar minha confiança em Deus, cuja misericórdia é maior do que o meu pecado.

3. Oremos
Com Maria, Imaculada do Espírito Santo:
   "Imaculada do Espírito Santo, pelo poder que o Eterno Pai te deu, sobre os anjos e arcanjos, envia-nos fileiras de anjos, com o chefe São Miguel Arcanjo, para livrar-nos do maligno e curar-nos. Amém."

Pedimos ao Espírito Santo:
   "Vinde Espírito Criador, as nossas almas visitai,
   e enchei os nossos corações com vossos dons celestiais.

   Vós sois chamados o Intercessor, do Deus excelso o dom sem-par,
   a fonte viva, o fogo, o amor, a unção divina e salutar.

Vós sois doador dos sete dons e sois poder na mão do Pai.
por Ele prometido a nós e por nós seus feitos proclamai.

A nossa mente iluminai, os corações enchei de amor,
nossa fraqueza encorajai, qual força eterna e protetor.

O nosso inimigo repeli e concedei-nos vossa paz,
se pela graça nos guiais, o mal deixamos para trás."

4. Luz da Palavra

"Até aqui falei-vos por meio de comparações. Está a chegar a hora em que já não vos falarei por comparações, mas claramente vos darei a conhecer o que se refere ao Pai. Nesse dia, apresentareis em meu nome os vossos pedidos ao Pai, e não vos digo que rogarei por vós ao Pai, pois é o próprio Pai que vos ama, porque vós já me tendes amor e já credes que Eu saí de Deus. Saí do Pai e vim ao mundo; agora deixo o mundo e vou para o Pai."

Disseram-lhe os seus discípulos: "Agora, sim, falas claramente e não usas nenhuma comparação. Agora vemos que sabes tudo e não precisas de que ninguém te faça perguntas. Por isso, cremos que saíste de Deus!".

Disse-lhes Jesus: "Agora credes? Eis que vem a hora – e já chegou – em que sereis dispersos cada um por seu lado, e me deixareis só, se bem que Eu não esteja só, porque o Pai está comigo. Anunciei-vos estas coisas para que, em mim, tenhais a paz. No mundo, tereis tribulações; mas, tende confiança: Eu já venci o mundo!" (Jo 16:25-33).

5. Meditação

Neste sexto dia, queremos tomar posse deste segundo "movimento" que o Espírito Santo opera em nosso coração, segundo escreve São João no capítulo 16 do seu Evangelho, versículos de 7 a 11.

O Espírito de Deus, que de fato nos leva ao arrependimento como consciência do nosso pecado, por efeito da iluminação da Sua Graça, desperta em nós ainda uma imensa CONFIANÇA em sua infinita Misericórdia!

No quinto dia, meditamos falando que o pecado contra o Espírito Santo (aquele que não pode ser perdoado) consiste em não se reconhecer pecador, mas também na falta de confiança no perdão de Deus, na Sua Misericórdia! Esta atitude soa mais ou menos assim: "O meu pecado é grande demais para ser perdoado..." e nos leva a desesperar da salvação de Deus!

Cair nesta armadilha do inimigo seria como viver uma antecipação do inferno, pois nos levaria a crer que o nosso pecado seja maior que a justificação do Sangue de Cristo, o que seria negar a nossa fé, pois, como diz São Pedro: "Não fomos resgatados com coisas perecíveis como a prata ou o ouro, mas fomos resgatados da vida fútil que herdamos dos nossos pais pelo sangue precioso de Cristo como de cordeiro sem defeitos e sem máculas (...)" (cf. I Pd 1:18-20).

De fato, "Ele foi entregue pelas nossas faltas e ressuscitado pela nossa justificação" (Rm 4:25), pois, se "pela desobediência de um só homem todos se tornaram pecadores, assim pela obediência de um só, todos se tornarão justos... onde abundou o pecado, superabundou a graça" (Rm 5:19-20).

Sim, pela graça fomos salvos e por esta mesma graça é o próprio Espírito Santo, Senhor que dá a vida, derramado sem medida sobre nós.

O Espírito Santo, então, nos dá a certeza de que a "justiça" de Deus se realiza, na nossa vida, pela justificação de Cristo, que carregou na cruz as nossas culpas, pagando o preço da nossa salvação: "Pelas suas chagas fomos curados" (I Pd 2:24).

A partir disso, podemos compreender três consequências maravilhosas que nos enchem de "alegria indizível e gloriosa" (I Pd 1:8) e que Jesus revela para Santa Faustina em seu diário:

1) Todos os nossos pecados, por quanto grandes sejam, são menores do que um grãozinho de areia, que se perde no infinito oceano da sua Misericórdia;
2) os maiores pecadores têm direito maior da Sua Misericórdia, pois quanto maior é o abismo da nossa miséria, maior será o derramamento da sua Misericórdia;
3) a graça de Deus é sem medida, sem medida é o dom do Seu Espírito (cf. Jo 3:34) e a CONFIANÇA é como a "bacia" pela qual posso atingir a sua Misericórdia. Quanto maior a confiança, maior a Misericórdia!

Esta extraordinária revelação de Jesus Misericordioso é para os nossos tempos e, em particular, para este Jubileu da divina Misericórdia; é a promessa da revelação da Misericórdia para este tempo conforme foi manifestado a Santa Gertrudes: "A essa voz o mundo envelhecido, rejuvenescerá, sairá do seu torpor, e o calor do Amor divino inflamá-lo-á ainda".

Esta é então a graça para este sexto dia do nosso Cenáculo de Amor, em preparação ao Pentecostes da Misericórdia! Esta é a palavra-chave para abrir as comportas do céu e as portas do nosso coração: CONFIAR! CONFIAR! E, enfim, CONFIAR!

Este é o propósito para este novo dia: renovar continuamente esta simples e eficaz invocação, que o próprio Jesus quis que fosse inscrita no quadro que entregou como "última tábua de salvação para a humanidade":

"JESUS, EU CONFIO EM TI!"
"JEZU, UFAM TOBIE!"
"GESÙ, IO CONFIDO IN TE"
Amém!
Vinde Espírito de Deus!
Amém!

6. Luz da Espiritualidade

A medida da minha confiança em Deus será confiar nele sem medida.

"Não é por ter sido preservada do pecado mortal que me elevo a Deus pela confiança e pelo amor. Ah, não. Sinto que ainda mesmo que tivesse consciência de haver cometido todos os crimes que se podem cometer, nada perderia da minha confiança; com o coração despedaçado pelo arrependimento iria lançar-me nos braços do meu Salvador. Bem sei que Ele ama o filho pródigo, ouvi as palavras que dirigiu a S. Madalena, à mulher adúltera, à samaritana...". "O Senhor leva em conta as nossas fraquezas, pois que conhece perfeitamente a nossa fragilidade. Portanto, de que havemos de temer?". "Sim, não tenho dúvida que o Senhor é mais terno que uma mãe! E eu conheço a fundo mais de um coração materno! Sei que uma mãe está sempre disposta a perdoar as pequeninas indelicadezas involuntárias de seu filho."

"Confio em Jesus, conto-lhe todas as minhas infidelidades, pensando com temerário abandono adquirir, assim, maior império sobre o seu coração; atiro-me com maior confiança ainda ao amor daquele que 'não veio chamar os justos, mas os pecadores. Jesus é onipotente; a confiança faz milagres."

"O que o ofende, o que lhe fere o Coração é a falta de confiança".

"O meu Caminhozinho é todo ele de amor e confiança, e não compreendo as almas que têm medo de um tão terno Amigo. Nunca se confia demais em um Deus tão poderoso e tão bom. Obtém-se dele tanto quanto se espera."

"Há de ser a confiança e só a confiança que nos levará ao amor."[15]

7. Propósito do dia

Não desanimar pelos meus pecados e pelas minhas fraquezas, mas repetir, ao longo do dia: Jesus, eu confio em Ti!

8. Avaliação do dia
a) Exame de consciência pessoal.
b) Avaliação do caminho (deve ser feita à noite).

Cumpri o propósito do dia? Alcancei a meta?

☐ SIM   ☐ NÃO

Em caso negativo, por que não conseguiu? O que faltou?

_____
_____
_____

9. Ato penitencial
Faça um pedido de perdão espontâneo ou diga as seguintes palavras: "Meu Deus, eu me arrependo de todo o coração de Vos ter ofendido, porque sois tão bom e amável. Prometo, com a vossa graça, esforçar-me para ser bom. Meu Jesus, misericórdia!".

10. Oração de poder
Oração pela cura interior
A confiança é a chave que nos faz reler a nossa história, reconciliar-nos com o nosso passado, na certeza de que "tudo concorre para o bem daqueles que amam a Deus"! Oremos, então, confiantemente, pela nossa cura interior.

> "Deus amado, no Nome poderoso de Jesus Cristo, eu te peço, gora: volta comigo, passeia na minha vida, vamos ao seio da minha mãe, ao útero da minha mãe, vamos ao momento da concepção... Senhor, quantas doenças hereditárias passaram para mim naquele momento. Senhor, neste momento volta lá e freia essas doenças. Senhor, que

nem uma dessas doenças me perturbe mais, porque hoje eu quero ser livre, livre de todo pensamento negativo dos meus pais, quando minha mãe soube que estava grávida, que eu seria simplesmente mais um filho, e ela no seu pensamento me rejeitou.

Hoje, Senhor, eu quero calar essas vozes que ainda estão dentro de mim. Eu quero calar essas vozes da rejeição; antes mesmo de nascer fui rejeitado pelos meus pais, pelos meus irmãos, por pessoas que disseram: 'Mais um filho para vocês'. Hoje eu renuncio a esses pensamentos negativos, a essas vozes que não se calaram até hoje. Senhor, volta comigo, volta nos nove meses que fiquei no ventre da minha mãe, escutando palavras negativas, murmuração, sentindo medo, o medo dela, que passou para mim, me deixando essa pessoa traumatizada e insegura. Cura-me, Senhor, de todo medo e de toda tristeza de minha mãe, que passou para mim, das vozes de meu pai, murmurando e reclamando das coisas, muitas vezes chegando embriagado dentro de casa e gritando com a minha mãe e até agredindo-a com palavras e fisicamente.

Senhor, neste mundo de trevas, de murmuração, de briga, de reclamações, protege-me com Teu amor de Pai, protege-me com a Tua graça poderosa, com a Tua solução e a Tua renovação. Protege-me com Teu amor infinito, porque Tu és o meu Deus. Senhor, nesse mundo de dor, de tristeza, de angustia, vai me libertando de todo medo que eu tive na hora do meu nascimento, escutei tantas palavras ruins, vindo de fora para dentro, e fiquei com medo de ir para fora, e por isso o meu parto foi dolorido, e por isso o meu parto foi sofrido e eu peço a Ti agora, que me dê a coragem para nascer, a coragem para renascer, hoje mesmo. Tu sabes que eu tenho medo da vida, que eu tenho medo de tantas coisas. E por isso agora, Senhor, eu Te peço, volta lá comigo ao útero da minha mãe, e vai me curando com Teu amor de Pai, vai me dando conforto, confiança, entusiasmo e alegria. Vai me dando, Senhor Jesus Cristo, sentimentos positivos, vai me mostrando o caminho da vida pura, dessa vida que reservaste para mim.

Senhor, agora volta lá no momento do meu nascimento, naquele momento de dor, naquele momento de esforço, naquele momento sofrido. Sabes que eu sentia frio, que eu tinha medo, sabes que o meu nascimento foi um momento de trauma. E por isso agora volta lá, Senhor, e vai me libertando, curando, me abençoando e me ajudando, porque eu preciso da Tua luz, da Tua graça, do Teu poder e da Tua misericórdia. Senhor, agora que meu corpo está saindo do útero da minha mãe, pela Tua misericórdia, faz esse caminho comigo; caminha comigo, Senhor, nessa estrada de esforço, de cansaço, de estresse. Sabes como estão os meus pais, sabes o sofrimento pelo qual estão passando nesse momento. Então agora faz-me nascer, faz-me renascer com Teu poder, com a tua graça, com o Teu amor infinito.

Senhor, que agora, pelo Teu projeto, pela Tua misericórdia, pela Tua vontade, que eu possa sair desse útero, deixando para trás, as doenças, as dores, as angústias, deixando para trás todas as doenças hereditárias, que foram transmitidas de geração em geração; e agora, Senhor, que eu já estou saindo da minha mãe, vai me libertando, vai me tocando, vai me curando, vai me recebendo, que as primeiras mãos a tocar em mim sejam as Tuas, que o primeiro colo em que eu sentar seja o de Nossa Senhora. Neste momento, Senhor, faz calar todas as vozes, ordena que todo mal desapareça, para que eu tenha paz, alegria, e não tenha mais dores nesse momento do meu nascimento.

Deus eterno, poderoso e misericordioso, pelo nome do Teu Filho, assim como nascem as plantas, como nascem as flores nos campos, faz-me nascer agora, trazendo para minha vida a alegria, o perfume, o amor, a tranquilidade. Faz-me nascer para uma nova vida, porque Cristo disse a Nicodemos que aquele que não nascer de novo não terá a vida eterna. Então agora faz-me nascer para o teu amor, a tua graça, a tua esperança, o teu perdão. Faz-me renascer para a alegria da minha família. Senhor Jesus Cristo, Filho de Deus, abençoa a minha vida. Vivendo eu neste mundo, faz-me renascer, Senhor, para uma vida nova; que eu possa ter a alegria e a paz daqueles que acreditaram em ti, que eu possa ter esperança. Pela unção poderosa do teu Santo Nome, Senhor, que eu veja a tua glória, a manifestação do teu poder.

Que eu renasça agora conforme a Tua vontade, conforme o teu projeto, conforme o teu amor. Deus eterno e misericordioso, pela unção poderosa do teu Espírito, vai renovando a minha vida, o meu coração, todo o meu ser, o meu consciente e o meu subconsciente; renova a minha esperança, a minha alegria; renova, Senhor, em mim, a minha saúde, renova as minhas forças. Senhor, que eu renasça, para a glória do teu nome; que eu sinta o teu amor na minha vida. Que eu possa, agora, a partir de agora, caminhar numa via mais segura, mais tranquila, numa vida de paz. Senhor, que eu possa deixar, que eu possa largar todas as coisas que me aconteceram; que a partir de agora eu não seja mais atingido por nenhuma força maligna.

Senhor, agora que eu renasço para uma vida nova; agora, que as coisas velhas fiquem para trás, as tentações fiquem para trás, aquilo que não foi perdão fique para trás. Amém."

Padre Moacir Anastácio

Sétima chave para um novo Pentecostes de Misericórdia

Sétimo dia do Cenáculo de Amor

A verdade plena

1. Palavra do dia
"Ele vos guiará na verdade plena." (Jo 16:13a)

2. Meta
Neste dia, peço ao Espírito a chave para que eu possa enxergar a verdade plena e faça desta verdade o meu caminho.

3. Oremos
Com Maria, Imaculada do Espírito Santo:
 "Imaculada do Espírito Santo, pelo poder que o Eterno Pai te deu, sobre os anjos e arcanjos, envia-nos fileiras de anjos, com o chefe São Miguel Arcanjo, para livrar-nos do maligno e curar-nos. Amém."

Pedimos ao Espírito Santo:
 "Vinde Espírito Criador, as nossas almas visitai,
 e enchei os nossos corações com vossos dons celestiais.

 Vós sois chamados o Intercessor, do Deus excelso o dom sem-par,
 a fonte viva, o fogo, o amor, a unção divina e salutar.

 Vós sois doador dos sete dons e sois poder na mão do Pai.
 por Ele prometido a nós e por nós seus feitos proclamai.

A nossa mente iluminai, os corações enchei de amor,
nossa fraqueza encorajai, qual força eterna e protetor.

O nosso inimigo repeli e concedei-nos vossa paz,
se pela graça nos guiais, o mal deixamos para trás."

4. Luz da Palavra
"Quando vier o Espírito da Verdade, ele vos guiará na verdade plena, pois não falará de si mesmo, mas dirá tudo o que tiver ouvido e vos anunciará as coisas futuras." (Jo 16:13)

5. Meditação
Em João 16, Jesus anuncia aos seus discípulos Seu retorno ao Pai, mas eles não entendem e estão assustados porque não conhecem a verdade plena rumo à qual somente o Espírito pode guiá-los (Jo 16:13).

Uma das verdades fundamentais que o Espírito nos anuncia é que Cristo "veio para destruir as obras do demônio" (I Jo 3:8).

Mas qual é a mais destrutiva e perigosa obra do diabo? Desde o princípio, ele "trabalha" em nós, no mundo, na história, para nos apresentar uma falsa imagem de Deus e fazer que, ainda hoje, fujamos d'Ele, como fizeram Adão e Eva depois do pecado. Ele trabalha para que acreditemos que Deus é nosso adversário e tirano. O diabo opera para nos tirar a esperança e esconder a verdade que é esta: se nós aceitarmos Cristo na nossa vida, satanás não terá nenhum poder sobre nós.

Os chefes religiosos do tempo de Jesus consideravam inimigos todos aqueles que não se submetiam às suas verdades e à doutrina imposta por eles :

- Perante a imagem de um Deus distante, Jesus se fez homem para revelar o "Deus conosco", o "Emanuel";

- perante a imagem de um Deus que impunha uma doutrina feita de regras que se tornou um peso para os pobres pecadores (peso que nem eles conseguiam carregar), Jesus revela um Deus cuja única regra é aquela do amor que liberta;
- perante a imagem de um Deus vingativo e violento, Jesus nos revelou o rosto de um Pai misericordioso e de um Filho "frágil", que se deixa ferir por amor;
- perante a imagem de um Deus que condena, Jesus se deixou julgar, condenar, crucificar para revelar a verdade de um Deus que é Amor, que carrega sobre si as nossas culpas e que, por este amor, "venceu o mundo" (Jo 16:33).

Jesus, através da sua morte na Cruz, destruiu a maior obra do diabo, revelando o verdadeiro rosto de Deus, sua essência que é o Amor. O príncipe deste mundo, que queria o julgamento, a condenação e a morte eterna do homem "está assim já julgado e condenado" (cf. Jo 16:11) pelo Amor de Cristo que não veio para julgar e condenar, mas para salvar o mundo (cf. Jo 12:47). Jesus não veio para condenar o homem pecador, mas para condenar o pecado e salvar o pecador. Está é a verdade que o Espírito revela, a verdade plena que nos devolve a esperança!

"O Espírito Santo afirma expressamente que, nos últimos tempos, alguns se desviarão da fé e darão ouvidos a espíritos enganadores e à doutrina de demônios" (I Tm 4:1-3).

Neste tempo, mais do que nunca, devemos nos deixar guiar pelo Espírito que nos revela a verdade de um Deus-Amor, apaixonado pela humanidade. Que através do Espírito possamos acolher Jesus como Amor, Misericórdia, como nosso Senhor e Salvador e que esta verdade nos leve a uma completa confiança n'Aquele que foi julgado, condenado e crucificado pelos nossos pecados.

Se aceitarmos esta "verdade plena" e plenamente, se aceitarmos Jesus como Senhor e Salvador da nossa vida o poder do diabo não poderá mais operar em nós, porque o poder do amor de Cristo é infinitamente mais forte e pela força deste amor, hoje, podemos deixar o pecado, os vícios, a depressão, a tristeza, o adultério, a prostituição, o egoísmo... podemos deixar tudo o que não vem de Deus, tudo o que é mentira... porque a verdade é Cristo, que morreu na Cruz para podermos recomeçar, mergulhados neste amor Misericordioso!

Vinde, Espírito da Verdade! Vinde, Santo Espírito!

6. Luz da Espiritualidade

"Quem, pois, conhece os segredos do homem, senão espírito do homem que está nele? Do mesmo modo, ninguém conhece os segredos de Deus, senão o Espírito de Deus" (I Co 2:11). Apressa-te, pois, a comungar o Espírito Santo. Ele está lá desde que o invoquem; não o invoquem se ele está presente. Chamai, ele vem; ele chega na abundância das bênçãos divinas. É Ele o rio impetuoso que alegra a casa de Deus (Sl 45:5). Desde a sua vinda, se ele te encontra humilde e sem inquietude, temente à palavra de Deus, ele repousará sobre ti e revelar-te-á o que Deus esconde aos sábios e aos prudentes deste mundo. Começarão a brilhar para ti todas as coisas que a Sabedoria possuía, quando ela estava na terra, revelada aos discípulos, mas que eles não podiam possuir antes da vinda do Espírito da verdade que lhes ensinaria toda a verdade...

Do mesmo modo que aqueles que adoram a Deus devem necessariamente adorá-lo em espírito e em verdade (Jo 4:24), também aqueles que desejam conhecê-Lo não devem procurar no Espírito Santo senão a inteligência da fé. Entre as trevas e a ignorância desta vida, para os pobres em espírito é ele mesmo a luz que ilumina, a caridade que atrai, a doçura que encanta, o amor de quem ama, a piedade de quem se entrega sem reserva. É ele que revela aos crentes a justiça de Deus; ele dá graça sobre graça, e, pela fé "que vem daquilo que não entendemos" (Rm 10:17), a iluminação.

7. Propósito do dia

Hoje tomo posse da verdade do Espírito e acolho Deus como Amor e Misericórdia, rejeitando "as falsas imagens de Deus" na minha vida e renunciando aos meus vícios e pecados, contemplando a bondade do Senhor em todos os acontecimentos, adorando-O e louvando-O ao longo de todo o dia.

8. Avaliação do dia

a) Exame de consciência pessoal.
b) Avaliação do caminho (deve ser feita à noite).

Cumpri o propósito do dia? Alcancei a meta?

☐ SIM   ☐ NÃO

Em caso negativo, por que não conseguiu? O que faltou?

_____
_____
_____

9. Ato penitencial

Faça um pedido de perdão espontâneo ou diga as seguintes palavras: "Meu Deus, eu me arrependo de todo o coração de Vos ter ofendido, porque sois tão bom e amável. Prometo, com a Vossa graça, esforçar-me para ser bom. Meu Jesus, misericórdia!".

10. Oração de poder
Louvor à Misericórdia Divina

> "Que a alma que desconfia entoe estes louvores à Misericórdia de Deus e se torne confiante."[16]

Misericórdia divina que brotais do Seio do Pai, eu confio em Vós.
Misericórdia divina, maior atributo de Deus, eu confio em Vós.
Misericórdia divina, inconcebível mistério, eu confio em Vós.
Misericórdia divina, fonte que brotais do mistério da Santíssima Trindade, eu confio em Vós.
Misericórdia divina, insondável por qualquer intelecto humano ou angélico, eu confio em Vós.
Misericórdia divina, manancial de toda a vida e felicidade, eu confio em Vós.
Misericórdia divina, acima de todos os Céus, eu confio em Vós.
Misericórdia divina, fonte de milagres e de prodígios, eu confio em Vós.
Misericórdia divina, que abraçais o universo inteiro, eu confio em Vós.
Misericórdia divina, que desceis ao mundo na Pessoa do Verbo Encarnado, eu confio em Vós.
Misericórdia divina, que brotastes da Chaga aberta do coração de Jesus, eu confio em Vós.
Misericórdia divina, encerrada no coração de Jesus, para nós e de modo particular para os pecadores, eu confio em Vós.
Misericórdia divina, insondável na instituição da Santa Hóstia, eu confio em Vós.
Misericórdia divina, na instituição da Santa Igreja, eu confio em Vós.
Misericórdia divina, no Sacramento do Santo Batismo, eu confio em Vós.
Misericórdia divina, na nossa justificação por Jesus Cristo, eu confio em Vós.

Misericórdia divina, que nos acompanhais por toda a vida, eu confio em Vós.
Misericórdia divina, que nos envolveis de modo particular na hora da morte, eu confio em Vós.
Misericórdia divina, que nos concedeis a vida imortal, eu confio em Vós.
Misericórdia divina, que nos acompanhais em cada momento da vida, eu confio em Vós.
Misericórdia divina, que nos protegeis do fogo do Inferno, eu confio em Vós.
Misericórdia divina, na conversão dos pecadores endurecidos, eu confio em Vós.
Misericórdia divina, assombro para os Anjos, inconcebível para os Santos, eu confio em Vós.
Misericórdia divina, insondável em todos os mistérios de Deus, eu confio em Vós.
Misericórdia divina, que nos ergueis de toda a miséria, eu confio em Vós.
Misericórdia divina, fonte da nossa felicidade e alegria, eu confio em Vós.
Misericórdia divina, que do nada nos chamastes à existência, eu confio em Vós.
Misericórdia divina, que abraçais todas as obras das Vossas Mãos, eu confio em Vós.
Misericórdia divina, que coroais tudo o que existe e o que venha a existir, eu confio em Vós.
Misericórdia divina, na qual todos estamos mergulhados, eu confio em Vós.
Misericórdia divina, doce consolação dos corações angustiados, eu confio em Vós.
Misericórdia divina, única esperança das almas desesperadas, eu confio em Vós.

Misericórdia divina, repouso dos corações e paz em tempo de ansiedade, eu confio em Vós.
Misericórdia divina, delícia e êxtase das almas santas, eu confio em Vós.
Misericórdia divina, que inspirais a confiança mesmo contra toda a esperança, eu confio em Vós. (D.949)

"Ó Eterno Deus, cuja Misericórdia é infinita e cujo tesouro de compaixão não tem limites, olhai-nos propício e aumentai a Vossa Misericórdia para conosco, para que nos momentos difíceis não desesperemos, nem desanimemos, mas com grande confiança nos conformemos à Vossa santa Vontade, que é o Amor e a própria Misericórdia" (D.950).

Oração de confiança
"Senhor Jesus Cristo, Tu que és o meu Pastor e o meu Salvador. Peço-te, agora, esse dom. Que eu possa ter a graça de confiar contra toda essa desconfiança; que eu possa, Senhor, ser conduzido por Tua mão poderosa e misericordiosa. Que eu possa confiar nos meus projetos, estudos, naquilo que aprendi, confiar na minha família, nos meus amigos, que eu possa confiar naqueles que trabalham comigo, nos irmãos de caminhada, confiar, cada vez mais, em Ti e no Teu poder. Que a unção poderosa da Tua graça esteja na minha vida; que eu possa seguir-Te no caminho, confiando, pela Tua misericórdia e paz."

Padre Moacir Anastácio

Oitava chave para um novo Pentecostes de Misericórdia

Oitavo dia do Cenáculo de Amor

Shalom

1. Palavra do dia
   "A paz esteja convosco!" (Jo 20,19).

2. Meta
Alcançar a paz interior que vem só de Deus e tornar-me um instrumento da paz do Senhor.

3. Oremos
Com Maria, Imaculada do Espírito Santo:
   "Imaculada do Espírito Santo, pelo poder que o Eterno Pai te deu, sobre os anjos e arcanjos, envia-nos fileiras de anjos, com o chefe São Miguel Arcanjo, para livrar-nos do maligno e curar-nos. Amém."

Pedimos ao Espírito Santo:
   "Vinde Espírito Criador, as nossas almas visitai,
   e enchei os nossos corações com vossos dons celestiais.

   Vós sois chamados o Intercessor, do Deus excelso o dom sem-par,
   a fonte viva, o fogo, o amor, a unção divina e salutar.

   Vós sois doador dos sete dons e sois poder na mão do Pai.
   por Ele prometido a nós e por nós seus feitos proclamai.

A nossa mente iluminai, os corações enchei de amor,
nossa fraqueza encorajai, qual força eterna e protetor.

O nosso inimigo repeli e concedei-nos vossa paz,
se pela graça nos guiais, o mal deixamos para trás."

4. Luz da Palavra

"Na tarde do mesmo dia, que era o primeiro da semana, os discípulos tinham fechado as portas do lugar onde se achavam, por medo dos judeus. Jesus veio e pôs-se no meio deles. Disse-lhes ele: A paz esteja convosco!

Dito isso, mostrou-lhes as mãos e o lado. Os discípulos alegraram-se ao ver o Senhor. Disse-lhes outra vez: 'A paz esteja convosco! Como o Pai me enviou, assim também eu vos envio a vós'. Depois dessas palavras, soprou sobre eles dizendo-lhes: Recebei o Espírito Santo. Àqueles a quem perdoardes os pecados, ser-lhes-ão perdoados; àqueles a quem os retiverdes, ser-lhes-ão retidos." (Jo 20:19-23).

5. Meditação

Aproximando-se o dia do Pentecostes, o nosso desejo cresce, a nossa oração intensifica-se e, cada dia mais, buscamos entender e contemplar este oceano infinito do Amor Misericordioso que o Pai deseja derramar nos nossos corações, pelo Espírito Santo (cf. Rm 5:5): Vinde, ó Espírito Santo!

Neste oitavo dia, queremos tomar posse de mais uma palavra-chave que nos permite receber, neste Pentecostes, graça sobre graça. A palavra Shalom, que expressa a plenitude dos dons de Deus, a maior bênção do Céu. Por isso, para os hebreus, era esta a saudação mais comum, a bênção mais poderosa que se poderia dar e receber. O Shalom, de fato, expressa não apenas a Paz, como nós podemos entender, mas todos os dons que a Presença viva do Senhor traz consigo. Lembremo-nos que a primeira Palavra do Ressuscitado, aparecendo para os Apóstolos era: "Shalom".

Santo Agostinho diz que o nosso coração "é feito para Deus e não encontra paz até que não descansa em Deus!". A paz, o Shalom, é o desejo mais profundo do coração humano, é o seu repouso..., sem o Shalom somos terra deserta, árida, sem água! Nascemos de Deus e a Deus voltamos. A presença de Deus (para os hebreus, a Shekinah) é o nosso "habitat", a "atmosfera" que permite a vida espiritual, o próprio "ar", a respiração da alma. Fora desta presença (Shekinah), a alma sufoca e morre. Este respiro da alma, este bem-estar da Presença, é o "Shalom": todo bem, toda bênção, alegria, amor, aconchego, repouso, graça, vida. Vida plena!

Esta percepção é própria, por exemplo, do êxtase e, para muitos, da experiência vivida no "Repouso do Espírito Santo". Por isso, São Paulo nos diz que o Espírito Santo é paz, alegria, amor. O Shalom então não é apenas um dom do Espírito. De alguma forma, é a própria Santidade daquele é "Espírito Santo".

Hoje não queremos pedir apenas um dom do Espírito Santo. Pedindo o Shalom, queremos pedir o próprio Espírito Santo, que é o dom do Alto, o dom que contém todos os dons do Pai da Vida!

Esta "Paz" (Shalom) é aquela que experimentamos concretamente quando vivemos em comunhão com os irmãos. Quando estamos unidos, Jesus se faz Presente no meio de nós (cf. Mt 18:20) e somos invadidos, renovados, fortalecidos, restaurados pelo Shalom que a Sua Presença gera.

Trata-se de um movimento duplo: por um lado, a nossa comunhão "gera", "atrai" a Presença de Deus, a Shekinah, que traz o "Shalom" a nossa vida. Por outro, esta mesma Presença gera, realiza, plenifica a nossa unidade que, assim, nos mergulha ainda mais profundamente na Sua Presença, no seu Shalom.

Caminharemos assim de graça em graça, pois "Dele recebemos graça sobre graça" (Jo 1, 16).

Ele, o Espírito Santo, nos torna desta forma, um só coração, um só corpo, uma só alma. (cf. At 4: 32-35).

O Espírito Santo então não é apenas uma presença que vem como "um a mais" quando estamos unidos. Ele é Aquele que "nos faz um", que gera a unidade do Corpo da Igreja do Senhor, que faz de muitos uma só coisa, mergulhando-nos no mistério da vida e da unidade da Trindade Santíssima.

Como vivermos então este dia mergulhados na Shekinah e no Shalom que a Shekinah traz consigo? Removendo todo obstáculo à nossa unidade, toda mágoa, ressentimento, toda divisão e falta de perdão entre nós!

Sendo "misericordiosos como o Pai é Misericordioso..." (Lc 6:36ss). Shalom! Adonai!

6. Luz da Espiritualidade

São Francisco de Assis, com suas palavras e lucidez, nos aconselha a refletir:

"A paz que anunciais com a boca, mais deveis tê-la em vossos corações. Ninguém seja por vós provocado à ira ou ao escândalo, mas todos por vossa mansidão sejam levados à paz, à benignidade e à concórdia. Pois é para isso que fomos chamados: para curar os feridos, reanimar os abatidos e trazer de volta os que estão no erro."

7. Propósito do dia

1) Perdoar a quem me ofendeu, amar os inimigos com um gesto concreto!
2) Pedir perdão a quem eu ofendi, mesmo que involuntariamente!
3) Fazer um gesto de amor para com alguém que há tempo não procuro pois "é dando que se recebe" (cf. At 20:35).

8. Avaliação do dia
a) Exame de consciência pessoal.
b) Avaliação do caminho (deve ser feita à noite).

Cumpri o propósito do dia? Alcancei a meta?

☐ SIM   ☐ NÃO

Em caso negativo, por que não conseguiu? O que faltou?
_____
_____
_____

9. Ato penitencial
Faça um pedido de perdão espontâneo ou diga as seguintes palavras: "Meu Deus, eu me arrependo de todo o coração de Vos ter ofendido, porque sois tão bom e amável. Prometo, com a Vossa graça, esforçar-me para ser bom. Meu Jesus, misericórdia!".

10. Oração de poder
Orar para pedir os dons do Espírito Santo

> Senhor Jesus Cristo, a Tua Igreja pede e precisa de um novo Pentecostes, pede que reanime os Teus servos e Tuas servas. Senhor Jesus, a Igreja precisa de um novo ardor e de um grande batismo. Precisamos dos dons do Espírito Santo que nos cure e faça curar, que nos renove e faça renovar. Precisamos das mesmas graças que foram derramadas em Jerusalém no Dia de Pentecostes. Queremos ter os mesmos dons de Pedro e João que disseram ao coxo que era levado todos os dias e colocado diante da porta formosa do templo de Jerusalém. Senhor, Pedro e João

estavam cheios do Santo poder e da Tua santa graça, por isso disseram: "Não temos nem ouro e nem prata, mas o que temos te damos, no nome de Jesus Cristo, levanta e anda" (At 3,6). Nós também, em Teu nome, queremos fazer o paralítico andar, o cego enxergar; e pela força da Tua palavra e dos dons Espírito Santo, queremos tocar no mais profundo do coração dos homens e das mulheres nos dias de hoje. Que eles Te conheçam pela força do Espírito Santo que modelou e deu início à Tua Igreja. Jesus Cristo, filho de Deus vivo, o Senhor disseste: "Recebereis o Espírito Santo e Sereis as minhas testemunhas" (At 1,8). Nós queremos testemunhar o Teu poder e a Tua graça, mas somos fracos e muitas vezes duvidamos, então envia o Teu Espírito Santo sobre nós e nos encha com os dons para que possamos cumprir com a Tua palavra que disseste: "Estes milagres acompanharão os que crerem: expulsarão os demônios em meu nome, falarão novas línguas, manusearão serpentes e, se beberem algum veneno mortal, não lhes fará mal; imporão as mãos aos enfermos e eles ficarão curados" (Mc 16,17-18). Então, Senhor Jesus, nos dê esses dons, porque sem eles não vamos conseguir. Precisamos do dom de cura, libertação, ciência, revelação; o dom da palavra para Te anunciar até os confins do mundo como é o Teu desejo. Precisamos do dom da prudência e da sabedoria, o dom de línguas e da interpretação das línguas. Precisamos do dom de profecia; e que a nossa profecia possa trazer esperanças aos corações mais angustiados. Precisamos de todos os dons e também do dom de visão. E que este dom faça nos enxergar a realidade deste mundo e nos tire do comodismo. Senhor Jesus Cristo, renova em nós as Tuas graças, o Teu amor e os Teus dons para que em tudo possamos dar frutos e grandes frutos pelo poder do Espírito Santo! Envia Senhor o Teu auxílio em forma de dons necessários para que exista uma evangelização convincente da Tua presença em nosso meio. Que nestes dias de pessoas descrentes, possamos testemunhar com todo desassombro a Tua Palavra e a Tua presença. Assim, como na comunidade de Jerusalém, nós também pedimos: "Olha Senhor para as nossas dificuldades e concedei aos Vossos servos que com todo desassombro, anunciem a Vossa palavra. Estendei a Vossa mão para que se realizem curas, milagres e prodígios pelo nome de Jesus, vosso Santo servo, e ainda Te pedimos, que a profecia que o Senhor colocou na boca do Seu santo profeta Joel, se cumpra: "Derramarei o Teu Espírito Santo sobre todo o ser vivo: Vossos filhos e Vossas filhas profetizarão; Vossos anciãos terão sonhos, Vossos jovens terão visões" (Jl 3,1). Naqueles dias, derramarei também o Teu Espírito sobre os escravos e as escravas. E assim, Senhor, veremos os homens e mulheres deste mundo convertidos pela força de Vossa palavra. E tudo isso pedimos no nome de Jesus Cristo.

Nona chave para um novo Pentecostes de Misericórdia

Nono dia do Cenáculo de Amor

Testemunhar

1. Palavra do dia
   "E vós também dareis testemunho." (Jo 15,27)

2. Meta
Abrir-nos, com toda confiança, ao Poder do Espírito, que nos torna testemunhas vivas e eficazes do Ressuscitado. Com toda a ousadia e criatividade do Espírito, queremos nos abrir a todos os dons e carismas que nos capacitam nesta maravilhosa missão que Ele nos confia.

3. Oremos
Com Maria, Imaculada do Espírito Santo:
   "Imaculada do Espírito Santo, pelo poder que o Eterno Pai te deu, sobre os anjos e arcanjos, envia-nos fileiras de anjos, com o chefe São Miguel Arcanjo, para livrar-nos do maligno e curar-nos. Amém."

Pedimos o Espírito Santo:
   "Vinde Espírito Criador, as nossas almas visitai,
   e enchei os nossos corações com vossos dons celestiais.

   Vós sois chamados o Intercessor, do Deus excelso o dom sem-par,
   a fonte viva, o fogo, o amor, a unção divina e salutar.

Vós sois doador dos sete dons e sois poder na mão do Pai.
por Ele prometido a nós e por nós seus feitos proclamai.

A nossa mente iluminai, os corações enchei de amor,
nossa fraqueza encorajai, qual força eterna e protetor.

O nosso inimigo repeli e concedei-nos vossa paz,
se pela graça nos guiais, o mal deixamos para trás."

4. Luz da Palavra

"Se me amais, observareis meus mandamentos, e rogareis ao Pai e ele vos dará outro Paraclito, para que convosco permaneça para sempre, o Espírito da Verdade, que o mundo não pode acolher, porque não o vê nem o conhece. Vós o conheceis, porque permanece convosco." (Jo 14:15-17)

"Quando vier o Paraclito, que vos enviarei de junto do Pai, o Espírito da Verdade, que vem do Pai, dará testemunho de mim. E vós também dareis testemunho, porque estais comigo desde o princípio." (Jo 15:26-27)

5. Meditação

Antes de voltar ao Pai, Jesus dizia para os seus Apóstolos, na intimidade da última ceia: "Se me amais, observareis meus mandamentos e rogarei ao Pai e Ele vos dará outro Paráclito [Advogado] para que convosco permaneça para sempre o Espírito da Verdade" (Jo 14:15-17).

Por que Jesus chamou o Espírito Santo como o "Espírito da Verdade"? O que isso significa concretamente para nós?

O próprio Jesus o explica pouco depois: "Quando vier o Paráclito [Advogado] que vos enviarei de junto do Pai, o Espírito da Verdade que vem do Pai, dará testemunho de Mim e vós também dareis testemunho porque estais comigo desde o princípio" (Jo 15:26-27).

O Paráclito era o "advogado dos pobres", daqueles que são indigentes, que não têm como pagar um advogado particular, daqueles que não têm méritos, nem dinheiro, nem títulos de nobreza. Em outros termos, esta palavra se pode traduzir também como "Aquele que responde ao nosso grito, Aquele que vem em socorro gratuito de quem clama para a própria defesa".

Esta expressão é maravilhosa, pois nos faz entender o quanto a Palavra diz e que nós sequer sabemos o que seja bom pedir e, por isso, o Espírito vem em socorro da nossa fraqueza e intercede por nós com gemidos inefáveis (cf. Rm 8:26). Ele é o nosso Advogado, o Defensor perante aquele que é inimigo, acusador, homicida desde o princípio: o diabo!

Vemos então estas duas ações do "Espírito Paráclito" em nossa vida:

1) "DARÁ TESTEMUNHO DE MIM": nos lembrará a Palavra de Jesus, "abrirá" esta Palavra tornando-a viva, eficaz, clara à nossa mente e em nossa vida: "dirá tudo o que tiver ouvido e vos anunciará as coisas futuras... receberá o que é meu e vos anunciará" (Jo 16:13-14). Esta Palavra nos purifica (Jo 15:3), nos consagra (Jo 17:7), nos faz permanecer no Amor (Jo 15, 9-10), nos torna habitação da Trindade Santíssima: "Se alguém me ama guardará a minha Palavra e meu Pai o amará e a ele viremos e nele estabeleceremos a nossa morada" (Jo 14, 23). Por isso, Atenágoras, grande patriarca ortodoxo, dizia: "Sem o Espírito Santo, Deus permanece distante e Cristo no passado, o Evangelho uma palavra morta, mas pelo Espírito Santo, o Cristo Ressuscitado se faz presente, o Evangelho se faz potência e vida, o agir humano é divinizado".

2) "VÓS TAMBÉM DAREIS TESTEMUNHO DE MIM": esta é a grande missão do Espírito e que o Espírito nos confia. Ele dá testemunho de Cristo em nós e nos torna testemunhas de Cristo para os outros! É o Espírito Santo que nos capacita

para a Missão: "Recebereis uma força, a do Espírito Santo, que descerá sobre vós e sereis minhas testemunhas em Jerusalém, em toda a Judéia e a Samaria, e até os confins da terra" (At 1:8). É o Espírito Santo que transformou os Apóstolos, homens fracos e medrosos que abandonaram, traíram, renegaram o Cristo enquanto estava vivo, em testemunhas corajosas e fortes, capazes de enfrentar até o martírio por Amor do Senhor, depois da sua morte e ressurreição!

Isto é maravilhoso, nos dá esperança, renova as nossas forças!

O Espírito Santo manifesta, na nossa fraqueza, o poder da Ressurreição de Jesus. Por isso precisamos invocá-lo continuamente, permanecer em oração, até sermos "revestidos do Poder do Alto".

Estamos no tempo da graça, no tempo de Pentecostes e somos uma Comunidade Pentecostal. Às vezes, podemos ser tentados de invejar quem vivia no tempo de Cristo, durante a sua presença na Terra. Na realidade, os Apóstolos que viveram com Jesus cometeram os piores pecados enquanto Jesus estava com eles. Só após a Sua Ressurreição, após o Pentecostes, eles foram plenamente santificados, fortalecidos pelo Espírito Santo, que os tornou capazes de testemunhar Jesus até a morte.

É pelo Espírito Santo que nós também recebemos a força de anunciar o seu Evangelho até os últimos confins da terra! É pelo Espírito Santo que recebemos toda autoridade de Jesus para curar toda enfermidade e libertar do maligno, para falar novas línguas e ver milagres, prodígios sendo realizados no nosso meio (cf. Mc 16:15-18 / At 4:30-31). É pelo Espírito Santo que o Senhor continua agindo com os seus discípulos, confirmando a Palavra por meio dos sinais que a acompanham (cf. Mc 16:20).

"Vem, Espírito Santo
  com toda riqueza dos teus dons,

com toda a força dos teus carismas,
com toda a ousadia e coragem
para sermos testemunhas autênticas de Cristo Jesus
e dos sinais da Sua Ressurreição,
de sua Presença viva na história de hoje, pois cremos
que Ele está conosco todos os dias,
até o fim dos tempos! Vem, Senhor Jesus!"

6. Luz da Espiritualidade

Conforme o papa Paulo VI orienta em sua exortação apostólica "Evangelii nuntiandi":

"É graças ao apoio do Espírito Santo que a Igreja cresce. Ele é a alma desta Igreja. É Ele que explica aos fiéis o sentido profundo do ensino de Jesus e o Seu mistério. Ele é aquele que, hoje, como nos primórdios da Igreja, age em cada evangelizador que se deixa possuir e conduzir por Ele, e põe na sua boca as palavras que sozinho não saberia achar, predispondo também a alma daquele que escuta para o tornar aberto e receptivo à Boa Nova e ao Reino anunciado. As técnicas de evangelização são boas, mas as mais perfeitas não conseguiriam substituir a ação discreta do Espírito. A preparação mais cuidada do evangelizador nada opera sem Ele. Sem Ele, a dialética mais convincente é impotente sobre o espírito dos homens. Sem Ele, os esquemas sociológicos ou psicológicos mais elaborados depressa se revelam desprovidos de valor. Vivemos na Igreja um momento privilegiado do Espírito.

Procuramos por todo lado conhecê-Lo melhor, tal como a Escritura o revela. Fica-se feliz por se estar sob a Sua ação. Reunimo-nos à Sua volta. Queremos deixar-nos conduzir por Ele. Ora se o Espírito de Deus tem um lugar proeminente em toda a vida da Igreja, é na sua missão evangelizadora que Ele mais age. Não foi por acaso que o grande início da evangelização teve lugar na manhã do Pentecostes, sob o sopro do Espírito. Pode-se dizer que o Espírito Santo é o principal agente da evangelização... Mas também se pode dizer que Ele é o termo da evangelização: só Ele suscita a nova criação, a nova humanidade à qual a evangelização deve conduzir, com a unidade na diversidade que a evangelização desejaria provocar na comunidade cristã. Através d'Ele, o Evangelho penetra no coração do mundo, pois é Ele que faz discernir os sinais dos tempos-sinais de Deus-que a evangelização descobre e realça no interior da História."

7. Propósito do dia
Hoje partilharei com alguém a minha experiência com Jesus por meio de palavras e de atos concretos de amor.

8. Avaliação do dia
a) Exame de consciência pessoal.
b) Avaliação do caminho (deve ser feita à noite).

Cumpri o propósito do dia? Alcancei a meta?

☐ SIM   ☐ NÃO

Em caso negativo, por que não conseguiu? O que faltou?

_____
_____
_____

9. Ato penitencial

Faça um pedido de perdão espontâneo ou diga as seguintes palavras: "Meu Deus, eu me arrependo de todo o coração de Vos ter ofendido, porque sois tão bom e amável. Prometo, com a Vossa graça, esforçar-me para ser bom. Meu Jesus, misericórdia!".

10. Oração de poder (para pedir carismas)
Efusão do Espírito Santo / Reavivamento dos dons

> Senhor Jesus Cristo, Filho de Deus, Tu que dissestes: "Recebereis o Espírito Santo, e sereis as minhas testemunhas" (At 1,8), Senhor Jesus, nós queremos pela Tua luz e pela Tua graça Te testemunhar. Queremos ser testemunhas vivas da Tua Palavra e da Tua misericórdia. Queremos levar a Tua Palavra até os confins da terra como é o Teu desejo. Senhor, Tu mesmo dissestes: "Eu vim para colocar fogo na terra e como eu gostaria que este fogo já estivesse aceso" (Lc 12,49). Senhor, nós estamos hoje aqui na Vossa presença para te pedir que nos inunde com a força do Teu Espírito para que, cheios do Teu poder, possamos, nessa caminhada, colocar fogo na terra conforme o Teu desejo. Senhor inunda o nosso coração, a nossa mente, a nossa alma com o Teu Espírito como fizestes com os Apóstolos, homens fracos e frágeis como nós.
>
> No dia de Pentecostes transformaram-se pela força do Teu Espírito em gigantes, valentes e corajosos. Tornaram-se anunciadores da Tua Palavra e testemunharam o Teu ministério de Cura e de Libertação e anúncio do Reino de Deus por causa do Teu Espírito que foi derramado na vida deles. Aqui, nós também te pedimos: envia o Teu Espírito Santo sobre nós e nos inunda com o mesmo poder de Pentecostes. Queremos a mesma graça, o mesmo dom

e a mesma efusão, porque queremos levar a Tua Palavra a todos os homens e mulheres, queremos tocar os corações de todos os seres deste mundo. Queremos incendiar os corações dessas pessoas no Teu Santo nome. Então, envia sobre nós o Teu Espírito Santo. Não olhes a nossa fraqueza e nem os nossos pecados, mas a fé que anima a Vossa Igreja.

Senhor Jesus Cristo, queremos beber da água viva prometida à Samaritana no poço de Jacó; queremos distribuir essa água para todos os nossos irmãos e irmãs, principalmente os que estão mais afastados, esquecidos ou aqueles que te esqueceram. Envia sobre nós o Teu Espírito para que possamos ser testemunhas vivas da Tua Palavra e da Tua graça; que a força do Teu Espírito restabeleça em nós aquela mesma coragem e determinação que levou os Apóstolos a anunciar a Tua Palavra enfrentando as feras e os perigos deste mundo. Que possamos estar prontos para testemunhar a Tua graça e o Teu amor com a nossa própria vida. Manda o Teu Espírito Santo sobre todos nós para que possamos ser evangelizadores conforme o Teu coração.

Dissestes sobre Davi: "Encontrei um homem conforme o meu coração" (At 13,22). Nós também queremos ser assim, estar em comunhão contigo e com o Teu Sagrado coração. Que a partir deste Pentecostes, sejamos ungidos, corajosos, homens e mulheres de fogo para anunciar a Tua Palavra. Que o poder de Pentecostes nos leve a uma nova evangelização renascida dessa graça e dessa espiritualidade; que Pentecostes seja na nossa vida uma nova renovação. Que os homens e as mulheres deste mundo sintam nas suas próprias vidas esse fogo abrasador que fez Moisés dizer: "Que mistério extraordinário". Que possamos evangelizar conforme o Senhor mesmo evangelizava na Galileia, Betânia, Nazaré e em Jerusalém. Senhor, na hora do Teu batismo o Espírito desceu sobre Ti e, que desça sobre nós agora. Que possamos viver uma grande efusão do Teu Espírito. Que possamos no Teu nome levar a Tua Palavra até os confins da terra.

Jesus Cristo, filho de Deus, envia sobre nós, hoje, a unção poderosa do Teu Espírito para que, conduzidos pelo Espírito Santo, possamos caminhar no Teu nome, na Tua estrada e fazer a Vossa vontade. Que o Espírito Santo derramado no dia de Pentecostes seja o mesmo derramado hoje no nosso coração para que possamos fazer tudo conforme a Vossa Misericórdia.

Na intercessão de Nossa Senhora, rainha da Primavera, que Ela interceda por todos aqueles que estão fazendo esta oração comigo para que cheios do Espírito Santo possamos cumprir a nossa missão.

Envia sobre nós os dons do Espírito Santo. Queremos que essas espadas, dons de cura, libertação, de profecia, de ciência e sabedoria, da prudência e do discernimento sejam derramados nos nossos corações e, que essa chama, incendeie o mundo confirmando a Vossa vontade. Senhor Jesus Cristo, redentor e salvador, envia sobre nós o teu Espírito, que Ele nos encha com os mesmos dons que São Paulo, São Pedro, Santo André, Thiago e João tinham e, por isso, anunciaram a Tua palavra com fervor. Que o Espírito Santo nos conceda hoje os Teus dons para que possamos fazer a Vossa vontade.

Padre Moacir Anastácio

Décima chave para um novo Pentecostes de Misericórdia

Décimo dia do Cenáculo de Amor

Alegria

1. Palavra do dia
   "Alegrai-vos sempre no Senhor! Repito: alegrai-vos!" (Fl 4:4).

2. Meta
Tornar-me testemunha da alegria do Senhor, que é "a nossa força".

3. Oremos
Com Maria, Imaculada do Espírito Santo:
   "Imaculada do Espírito Santo, pelo poder que o Eterno Pai te deu, sobre os anjos e arcanjos, envia-nos fileiras de anjos, com o chefe São Miguel Arcanjo, para livrar-nos do maligno e curar-nos. Amém."

Pedimos ao Espírito Santo:
   "Vinde Espírito Criador, as nossas almas visitai,
   e enchei os nossos corações com vossos dons celestiais.

   Vós sois chamados o Intercessor, do Deus excelso o dom sem-par,
   a fonte viva, o fogo, o amor, a unção divina e salutar.

   Vós sois doador dos sete dons e sois poder na mão do Pai.
   por Ele prometido a nós e por nós seus feitos proclamai.

A nossa mente iluminai, os corações enchei de amor,
nossa fraqueza encorajai, qual força eterna e protetor.

O nosso inimigo repeli e concedei-nos vossa paz,
se pela graça nos guiais, o mal deixamos para trás."

4. Luz da Palavra

"Chegando o dia de Pentecostes, estavam todos reunidos no mesmo lugar. De repente, veio do céu um ruído, como se soprasse um vento impetuoso, e encheu toda a casa onde estavam sentados. Apareceu-lhes então uma espécie de línguas de fogo que se repartiram e pousaram sobre cada um deles. Ficaram todos cheios do Espírito Santo e começaram a falar em línguas, conforme o Espírito Santo lhes concedia que falassem. Achavam-se então em Jerusalém judeus piedosos de todas as nações que há debaixo do céu. Ouvindo aquele ruído, reuniu-se muita gente e maravilhava-se de que cada um os ouvia falar na sua própria língua. Profundamente impressionados, manifestavam a sua admiração: Não são, porventura, galileus todos estes que falam? Como então todos nós os ouvimos falar, cada um em nossa própria língua materna? Partos, medos, elamitas; os que habitam a Macedônia, a Judéia, a Capadócia, o Ponto, a Ásia, a Frígia, a Panfília, o Egito e as províncias da Líbia próximas a Cirene; peregrinos romanos, judeus ou prosélitos, cretenses e árabes; ouvimo-los publicar em nossas línguas as maravilhas de Deus! Estavam, pois, todos atônitos e, sem saber o que pensar, perguntavam uns aos outros: Que significam estas coisas? Outros, porém, escarnecendo, diziam: Estão todos embriagados de vinho doce." (At 2:1,13)

5. Meditação

"Chegando o dia de Pentecostes, estavam todos reunidos no mesmo lugar. De repente, veio do céu um ruído, como se soprasse um vento impetuoso, e encheu toda a casa onde estavam sentados. Apareceu-lhes então uma espécie de línguas de fogo que se repartiram e pousaram sobre cada um deles. Ficaram todos cheios do Espírito Santo e começaram a falar em línguas, conforme o Espírito Santo lhes concedia que falassem. Achavam-se então em Jerusalém judeus piedosos de todas as nações que há debaixo do céu. Ouvindo aquele ruído, reuniu-se muita gente e maravilhava-se de que cada um os ouvia falar na sua própria língua. Profundamente impressionados, manifestavam a sua admiração: Não são, porventura, galileus todos estes que falam? Como então todos nós os ouvimos falar, cada um em nossa própria língua materna? Partos, medos, elamitas; os que habitam a Macedônia, a Judéia, a Capadócia, o Ponto, a Ásia, a Frígia, a Panfília, o Egito e as províncias da Líbia próximas a Cirene; peregrinos romanos, judeus ou prosélitos, cretenses e árabes; ouvimo-los publicar em nossas línguas as maravilhas de Deus! Estavam, pois, todos atônitos e, sem saber o que pensar, perguntavam uns aos outros: Que significam estas coisas? Outros, porém, escarnecendo, diziam: Estão todos embriagados de vinho doce." (At 2:1-6)

Durante dez dias permanecemos neste Cenáculo de Amor e se completou também para nós o dia de "Pentecostes" (quinquagésimo dia após a Ressurreição de Jesus). Ele quis ficar, de fato, quarenta dias após a sua Ressurreição, juntos com seus apóstolos, instruindo-os e preparando-os à sua partida, na Ascensão ao céu.

Antes de voltar ao Pai, porém, o Senhor pediu que os Apóstolos permanecessem perseverantes em oração, até completar-se o tempo em que receberiam "a força do Alto", para serem suas testemunhas no mundo inteiro (cf. At 1:6-14).

Hoje, tudo fala de plenitude: os dias que completam, o vendaval impetuoso que enche toda a casa, os Apóstolos, repletos do Espírito Santo, o transbordar do dom de línguas e até o comentário do povo, que considera os Apóstolos "cheios de vinho doce" pois parecem bêbados, transbordantes de alegria!

Esta alegria, dom do Espírito Santo, é mostrada logo depois como uma das mais características expressões da primeira comunidade cristã: "tomavam alimento com alegria e simplicidade de coração. Louvavam a Deus e gozavam da simpatia de todo o povo..." (At 2, 4).

Nem a perseguição ou os açoites impediam a manifestação desta alegria pois mesmo assim, os apóstolos regozijavam-se por terem sido dignos de sofrer por causa do Senhor. (cf. At 5:41).

O Espírito Santo é, de fato, fonte de alegria, pois Ele, que é Senhor e que dá vida, torna a nossa vida "transbordante", plena... Por isso Jesus, no seu "discurso de adeus", se referirá ao Espírito Santo como Espírito que torna completa a nossa alegria (cf. Jo 16:24 ; Jo 15:11 ; Jo 17:13).

Que alegria é esta?

1) A alegria de um novo relacionamento, vivo, pessoal, íntimo com Deus, não mais longe mas próximo, não mais "altíssimo e inacessível, juiz duro e exigente", mas Pai Amoroso, Misericordioso, Providente, cheio de ternura e compaixão. "E porque sois filhos, Deus enviou aos nossos corações o Espírito do seu Filho, que clama: Abba, Pai! De modo que não é mais escravo, mas filho. E se és filho é também herdeiro, graças a Deus!" (Gl 4:6-7).

2) É ainda a alegria inefável, gloriosa, transbordante de quem fala São Pedro (I Pd 1:8) que nos rejubila pela experiência viva, pessoal de Jesus Ressuscitado, pela certeza da salvação das nossas almas, pela adesão a Jesus como Senhor e Salvador da nossa vida: "Ninguém pode dizer: Jesus é Senhor a não ser pelo Espírito Santo!" (I Cor 12:3).

3) É enfim a alegria da Misericórdia e da Reconciliação, fruto do perdão de Deus para nós e do perdão com os nossos irmãos. Este perdão que, como um rio de Água viva, jorra do coração aberto de Cristo na Cruz, inunda a minha vida e abrange o mundo inteiro... "pela sua dolorosa Paixão, tende Misericórdia de nós e do mundo inteiro...". Assim, Jesus nos ensina a orar através de Santa Faustina no terço da Misericórdia!

Sim, o Espírito Santo é Espírito de Misericórdia e Compaixão, Espírito de Reconciliação, Paz, Amor e Alegria, que transfigura a nossa vida, restaurando o nosso relacionamento com Deus e com os irmãos, em Cristo!

Com mais força, neste tempo, somos chamados a sair dos nossos cenáculos, abrir as portas dos nossos corações, deixar-nos levar por este vento impetuoso e fogo abrasador e "deixar-nos reconciliar" com Deus, com nós mesmos, com a nossa história e os nossos irmãos...e descobrirmos, com renovado ardor, a alegria do Santo Evangelho para levá-lo a este mundo entristecido e envelhecido. Este é o tempo que Deus fez para nós, como o Senhor revelou a Santa Gertrudes em 1200: "Aos últimos tempos estava reservada a graça de ouvir a voz eloquente do coração de Jesus. A essa voz o mundo envelhecido rejuvenescerá, sairá do seu torpor, e o calor do amor divino inflamá-lo-á ainda".

Somos testemunhas de esperança, missionários da Misericórdia, de um Pentecostes de Misericórdia, que transforma os pecadores em santos e testemunhas desta potência do amor misericordioso, para uma nova "primavera" da Igreja e da humanidade, para uma nova evangelização!

Levemos a todos esta alegria de Deus, como nos convida o papa Francisco:

Deus é alegria! Qual é a alegria de Deus?

A alegria de Deus é perdoar!
A alegria de um pastor que encontra a sua ovelinha,
A alegria de uma mulher que encontra a moeda perdida,
A alegria de um Pai que reencontra o filho que tinha-se perdido,
Era como morto e voltou à vida, voltou à casa!
Aqui está todo o Evangelho!
Aqui está todo o Evangelho!
Aqui está todo o Cristianismo.

Desejo um belíssimo "Pentecostes de Misericórdia" para cada um! Deixemos que o Espírito Santo nos reconcilie plenamente com Deus e com os irmãos para que a alegria esteja em nós e a nossa alegria seja plena!

Deixemos todo o nosso passado à Misericórdia para vivermos definitivamente livres de toda mágoa e ressentimento, perdoando e pedindo perdão; vivemos o nosso presente no fogo do Seu Amor Misericordioso e Santo e olhamos para o futuro com a esperança e a certeza do Seu Amor Providente, pois o Espírito clama em nós: "Abba, Pai!".

6. Luz da Espiritualidade

"'Deus ama quem dá com alegria', diz São Paulo (II Cor 9:7).

A melhor maneira de expressardes a vossa gratidão para com Deus, tal como para com os outros, é aceitar tudo com alegria. Um coração alegre é o resultado normal de um coração ardente de amor. A alegria é força. Os pobres foram atraídos por Jesus porque havia n'Ele algo maior do que Ele; Ele irradiava essa força – nos Seus olhos, nas Suas mãos, em todo o Seu corpo. Todo o Seu ser manifestava a oferta que fazia de Si mesmo a Deus e aos homens.

Que nada nos preocupe, nos encha de tristeza e de desânimo, a ponto de deixarmos que nos tire a alegria da ressurreição. Quando se trata de servir a Deus e as almas, a alegria não é apenas uma questão de temperamento; requer sempre algum esforço. Mais uma razão para tentarmos adquiri-la e fazê-la crescer em nosso coração. Mesmo que não tenhamos muito para dar, podemos sempre dar a alegria que brota de um coração amante de Deus.

Em todos os lugares do mundo as pessoas têm fome e sede do amor de Deus. Nós respondemos a esta fome quando semeamos alegria. A alegria é uma das melhores defesas contra a tentação. Jesus não pode tomar posse plena de nossa alma se ela não se lhe abandonar alegremente."

Santa Madre Teresa de Calcutá

7. Propósito do dia
Viver meu dia com a alegria que vem do Espírito, qualquer coisa aconteça, e ser fonte desta alegria (com gestos concretos) para as pessoas tristes que estão ao meu redor.

8. Avaliação do dia
a) Exame de consciência pessoal.
b) Avaliação do caminho (deve ser feita à noite).

Cumpri o propósito do dia? Alcancei a meta?

☐ SIM   ☐ NÃO

Em caso negativo, por que não conseguiu? O que faltou?

_____

_____

9. **Ato penitencial**
Faça um pedido de perdão espontâneo ou diga as seguintes palavras: "Meu Deus, eu me arrependo de todo o coração de Vos ter ofendido, porque sois tão bom e amável. Prometo, com a Vossa graça, esforçar-me para ser bom. Meu Jesus, misericórdia!".

10. **Oração de poder**
"Deus Altíssimo, derrama a tua graça sobre esta pessoa que agora está lendo este livro; que ela seja tocada profundamente na sua dor, na sua angústia, na sua solidão; que a mão poderosa do teu Filho, Nosso Senhor Jesus Cristo, toque agora esta pessoa que está sofrendo, angustiada, deprimida, essa pessoa que perdeu o rumo da sua vida. Em nome de Jesus Cristo, eu te peço, Senhor, que cures essa pessoa; tranquiliza-a, derrama o teu Espírito Santo sobre ela; que ela seja curada de todo mal, de toda perturbação, de toda angústia, tristeza, mágoa, solidão, revolta e dor. Pai Amado, no nome poderoso de Jesus Cristo, que essa tua filha ou esse teu filho que está orando comigo, possa receber a tua luz e a tua força.

Deus amado, eterno, bondoso e misericordioso, eu invoco o teu nome sobre essa pessoa, que teu Espírito Santo a conduza para as águas mais profundas do teu amor, do teu sagrado e eterno coração; que essa pessoa veja que não está só, que tu, ó Deus, conheces a dor e a angústia dessa pessoa. Age com poder na vida dela agora para que ela seja totalmente tocada, curada, abençoada. Senhor, tu sabes o que atingiu essa pessoa, o que a magoo, o que feriu sua alma. Agora, Pai amado, no nome do teu Filho, Jesus Cristo, que essa pessoa sinta que ela não está sozinha, que a tua presença viva, real, verdadeira possa atingir profundamente, agora, essa pessoa amada por ti desde antes de ter sido concebida. Senhor, fortalece-a, dá a tua graça, o teu poder e a tua misericórdia, que ela seja tocada profundamente no coração, na alma, na mente, no espírito. Em nome do Pai, do Filho e do Espírito Santo. Amém."

Padre Moacir Anastácio

Consagração das Velas de Pentecostes

Consagração ao Pai

Pai amado, no nome de Jesus Cristo e no nome do Espírito Santo, eu te apresento a minha primeira Vela de Pentecostes. Meu Pai, eu te apresento essa vela, eu te consagro essa vela na esperança e na fé que a Tua promessa vai se cumprir na minha vida. Pai amado, naquele momento que eu acender essa vela ou alguém acender por mim, que a Tua Misericórdia, que a Tua bondade, que a Tua promessa se cumpra na minha vida. Pai amado, no nome de Jesus Cristo, no nome do Espírito Santo, quando eu acender essa vela, que o milagre aconteça. Se eu estiver doente, que eu seja curado; se eu estiver no abismo, que eu saia dele. Pai amado, se eu estiver morrendo, venha ao meu encontro. Pai, Filho, Espírito Santo, Santíssima Trindade eu vos consagro essa vela; naquele momento de dor e desespero, se eu estiver impossibilitado de acender essa vela e se alguém acender por mim, atenda o seu clamor, venha ao meu encontro, me liberte e me tire das mãos do mal. Pai, incendeia, ilumina os meus pensamentos e a minha vida e, através da Tua promessa eu seja liberto e vitorioso. Pai, Filho e Espírito Santo eu consagro essa vela conforme a Tua promessa. Que a Tua graça esteja na minha vida e naquele momento de escuridão, eu quero a Tua presença, eu quero o Teu poder me tirando dessa situação. Que eu veja, Pai, a Tua misericórdia agindo na minha vida ou nessa situação, eu hei de acender essa vela e verei a Tua promessa sendo cumprida; disseste que no momento mais difícil que eu acendesse essa vela que o milagre iria acontecer. Eu consagro essa Vela em nome do Pai, do Filho e do Espírito Santo.

Consagração ao Filho
Senhor Jesus Cristo, Filho de Deus vivo, meu Senhor, meu salvador, nesse momento eu te apresento essa segunda espada, segunda Vela de Pentecostes, recebe Senhor Jesus Cristo. Consagro Senhor, no Teu poder e na Tua misericórdia, eu entrego essa vela, espada para minha cura, para minha libertação e para minha vitória. Senhor Jesus Cristo, naquele momento de dificuldade, de doença, de morte, de desespero, eu hei de acender essa vela baseado na Tua promessa e o milagre vai acontecer. Senhor Jesus Cristo, se eu estiver no abismo, me tira; se eu estiver na escuridão, me ilumina; se eu estiver doente, me cura. Senhor Jesus Cristo, se as portas estiverem fechadas, abra Senhor. Se eu estiver amarrado ou preso, liberta-me, Senhor. Senhor Jesus Cristo, quando eu acender essa vela, naquela hora, eu quero a libertação, eu quero a renovação, eu quero a vitória. Meu Senhor Jesus Cristo, se eu estiver impossibilitado de acender essa vela, mas se alguém acender por mim, escuta as suas preces, venha ao meu encontro, me liberta e me abençoa. Senhor Jesus Cristo, lembrai-vos da Tua promessa. O Senhor disse que eu deveria acender no momento mais difícil e somente o Senhor sabe desse momento. Quando eu acender essa vela, me ressuscite, me levante, me liberte e me cure. Pai, Filho e Espírito Santo, Trindade Santa, eu vos consagro essa segunda Vela de Pentecostes. No momento que eu hei de acender, eu verei a Tua glória. Disseste para Marta: "Se creres verás a glória de Deus" (Jo 11, 40). Nesse momento, eu já tomo posse do milagre que o Senhor preparou para a minha vitória. Quando eu acender essa segunda Vela de Pentecostes consagrada ao Pai, ao Filho e ao Espírito Santo eu hei de ver o Teu milagre se

realizando na minha vida. Mesmo que eu esteja no abismo ou debaixo da nuvem mais escura eu verei a Tua luz e a força da Tua mão poderosa me tirando do abismo, assim como Lázaro morto e apodrecido, escutarei a Tua voz e sairei da sombra da morte e verei a Tua glória. Senhor Jesus Cristo, eu creio na Tua promessa, creio na Tua graça, na Tua misericórdia e eu vencerei no Teu nome. Pai, Filho, Espírito Santo, Trindade Santa, eis a minha segunda Vela de Pentecostes que Vos consagro no nome de Jesus Cristo e por Jesus Cristo.

Consagração ao Espírito Santo
Espírito Santo, no nome da Trindade Santa: Pai, Filho e Espírito Santo, eu te apresento a terceira Vela de Pentecostes. Consagro essa vela no mesmo dia que vieste sobre a Igreja, fazendo nascerem homens e mulheres curados e renovados para um novo mundo e para uma nova vida. Nesse dia Santo eu Te apresento essa vela, fruto da Tua promessa, que disseste que no momento mais difícil eu acendesse que o milagre iria acontecer. Espírito Santo, se eu estiver sentado na sombra da morte, venha me levantar. Se as minhas forças estiverem acabando, venha me fortalecer. Espírito Santo, se eu estiver impossibilitado de acender essa vela, se alguém acender por mim, escuta o seu clamor e confirma no nome da Trindade essa promessa. Do abismo eu hei de sair, as correntes serão quebradas, as muralhas cairão e eu serei alcançado pela Vossa luz entrando na noite mais escura e me resgatando. Espírito Santo, confiando na promessa eu verei a realização de todas as promessas feitas no momento que eu acender essa vela ou alguém acender por mim, lembrai-vos que passarão o céu e a terra, mas a Tua promessa jamais passará. Eu serei resgatado, iluminado, fortalecido e renovado; o fraco se tornará forte, o doente será curado, o morto ressuscitará e as correntes serão quebradas; as portas serão abertas e a vitória

será alcançada. A Ti, Terceira Pessoa da Santíssima Trindade, eu vos consagro a terceira Vela de Pentecostes no nome do Pai, do Filho e do Espírito Santo.

Essas três Velas de Pentecostes, devem ser acesas no momento mais difícil que você esteja passando. Devem ser acesas juntas, porque foram consagradas às três Pessoas da Santíssima Trindade: ao Pai, ao Filho e ao Espírito Santo formando assim, a Trindade. Sabemos que existe um só Deus e três pessoas distintas. Assim como não dá para separar o Pai do Filho e o Filho do Pai, e o Espírito Santo do Pai e do Filho, não dá para separar essas velas que foram consagradas a cada Pessoa da Santíssima Trindade, formando assim, a Trindade, as velas devem ser acesas em uma única vez e as três juntas.

Padre Moacir Anastácio

Novena de Pentecostes

A mãe de todas novenas

A "Novena de Pentecostes" é a "mãe" de todas as novenas. A primeira e mais venerada de todas as novenas. Ela foi instituída por Nosso Senhor Jesus Cristo quando Ele enviou os Seus Apóstolos de volta a Jerusalém para aguardar a vinda do Espírito Santo no primeiro Pentecostes: "Mas esperem aqui na cidade, até que sejais revestidos de poder do Alto" (Lc 24:49). Foi realizada, por obediência, pela própria querida Mãe de Jesus, a Imaculada do Espírito Santo que, junto com os Apóstolos e alguns discípulos (por um total de, aproximadamente, 120 pessoas – At. 1:15), permaneceram em oração durante dez dias no Cenáculo, até serem revestidos do "poder do Alto".

O papa Leão XIII decretou oficialmente, em sua encíclica sobre o Espírito Santo, "Divinum Illud", de 9 de maio de 1897, uma Novena litúrgica anual antes de Pentecostes: "Com este decreto, recomendamos que ao longo de toda a Igreja Católica, este ano e em cada ano subsequente, a Novena tenha lugar antes do domingo de (Pentecostes), em todas as igrejas paroquiais".

Há relatos de que o papa Leão XIII foi inspirado a recomendar a novena de Pentecostes por causa de uma carta de uma mística italiana, a Beata Elena Guerra. O papa João Paulo II reiterou a recomendação do papa Leão XIII para uma Novena de Pentecostes em todo o mundo, embora a novena pode ser rezada a qualquer momento – não apenas antes de Pentecostes.

Preocupado com a pouca atenção dada à pessoa do Espírito Santo nos escritos da Igreja, e sua escassa presença na liturgia e nos devocionários católicos, Leão XIII escreveu "Divinum Illud Múnus", Documento Pontifício sobre a virtude do Espírito Santo. É um apelo poderoso para a luz, força e amor tão necessários a todos os cristãos. Para incentivar a devoção ao Espírito Santo, a Igreja enriqueceu esta Novena com indulgências.

Aos fiéis que assistirem devotamente à Novena realizada em público, nas paróquias, grupos de oração, rádios e TV, em honra do Espírito Santo, antes da festa de Pentecostes, concedem-se:

a) indulgência de dez anos, uma vez em cada dia da Novena;

b) indulgência plenária, se eles tomam parte em pelo menos cinco dos exercícios da novena, confessarem os pecados, comungarem e rezarem na intenção do Papa.

Àqueles que fizerem uma Novena privada em honra do Espírito Santo, seja antes de Pentecostes ou em qualquer outra época do ano, concedem-se:

a) indulgência de sete anos, uma vez em cada dia da Novena;

b) indulgência plenária sob as condições habituais, depois de terminada a Novena; e onde esta se realizar publicamente, podem receber tal indulgência apenas aqueles que apresentarem um motivo legítimo de impedimento para fazer parte dela.

Intenção: Durante esta Novena em honra do Espírito Santo, nós humildemente imploramos suas graças sobre nossas Comunidades e toda Igreja Católica verdadeira e remanescente: em que, nestes dias de apostasia universal podemos perseverar no caminho da Luz Divina, da Verdade, da Obediência e do Amor, que nos leva à salvação única em Cristo Jesus, na verdadeira Igreja que o Divino Espírito Santo Paráclito inspira nossos papas a guiar o rebanho fiel nas vias da verdade e santidade; e que podem ser preenchidos com a graça de seus dons e de seus frutos como para serem protegidos de todos os erros, do pecado e da heresia e, assim, viver e defender a nossa Santa Fé Católica com verdadeira sabedoria, fortaleza e zelo.

Primeiro dia
- Em nome do Pai...;
- Vinde, Espírito Santo...;
- Hino de Abertura;
- Vinde Espírito Santo, Criador abençoado, tome nossos corações e os faça descansar!;
- Vinde com a Tua Graça e Ajuda Celestial, para encher os corações que ganhaste;
- Para encher os corações que fizeste! Para encher os corações que fizeste!;
- Ato de Consagração ao Espírito Santo.

Terça-feira e sexta-feira
"Oh! Divino Espírito Santo, luz eterna e brilhantíssima, cuja magnificência enche o Céu e a terra, eis-me aqui, humildemente prostrado ante a Vossa divina presença, para me consagrar a Vós para sempre.

Adoro o brilho de Vossa pureza, Vossa imutável justiça e o poder do Vosso amor.

É por Vós, força e luz de minha alma, que eu penso, vivo e obro.

Não permitais que eu peque contra Vós nem resista aos suaves impulsos de Vossa graça, mas dirigi todos os meus pensamentos para que esteja atento à voz de Vossas inspirações, siga-as fielmente e encontre na Vossa misericórdia, auxílio para minhas fraquezas.

Adorável Espírito, compadecei-Vos de minha indigência, preservai-me de todo o erro e obtende-me o perdão, se eu chegar a cair em pecado.

Peço-Vos, aos pés de Jesus crucificado, contemplando e adorando, cheio de confiança, suas chagas sagradas, seu lado aberto, seu Coração transpassado.

Espírito do Pai e do Filho, fazei que, com Vossa graça, possa dizer em tudo e sempre:

'Falai Senhor, que Teu servo Te escuta'.

Espírito de Sabedoria e Entendimento, dissipai minha ignorância.

Espírito de Conselho, dirigi minha inexperiência.

Espírito de Fortaleza, fazei-me perseverante no serviço de Deus; dai-me a força de proceder em tudo com bondade e benevolência.

Espírito da Paz, dai-me a Vossa Paz.

Espírito de Santidade, ornai com as celestes virtudes da Pureza e Simplicidade o templo que escolhestes para Vossa morada e, por Vossa graça poderosíssima, preservai constantemente minha alma da mancha do pecado. Amém."

Meditação: O Espírito Santo
Só uma coisa é importante – a salvação eterna. Só uma coisa, portanto, devemos evitar – o pecado. O pecado é o resultado da ignorância, fraqueza e indiferença. O Espírito Santo é o Espírito de Luz, da Força, e do Amor. Com Seus Sete Dons, ilumina a mente, fortalece o arbítrio e inflama o coração com o Amor de Deus. Para garantir a nossa salvação devemos invocar o Espírito Divino diariamente, pois "O Espírito ajuda nas nossas fraquezas. Não sabemos o que devemos pedir e como convém pedir. Mas o próprio Espírito pede para nós, através de gemidos."

"Oremos: Oh! Deus! Eterno e Todo-Poderoso, que concedestes a regenerar-nos pela água do Batismo e pelo fogo do Espírito Santo, e tens nos dado o perdão de todos nossos pecados, dignai-vos enviar do Céu sobre nós os sete dons do Espírito, o Espírito de sabedoria e entendimento, o Espírito de conselho e de fortaleza, o Espírito de conhecimento e piedade, enchei-nos com o Espírito de temor. Amém."

- Ladainha do Espírito Santo;
- Pai-Nosso, Ave-Maria;
- Glória (sete vezes)
- Oração para os sete dons do Espírito Santo.
- Leitura Eucarística:
- Atos 25:13-21
- João 21:15-19

Ore silenciosamente: "Espírito Santo, produza em mim Seus frutos de amor, alegria, paz, longanimidade, benignidade, bondade, fé, mansidão e autocontrole" (Gálatas 5:22-23).

Novena em honra ao Espírito Santo, composta pela Beata Elena Guerra

Primeiro dia

Oração inicial
"Vinde, Espírito Santo, enchei os corações dos Vossos fiéis e acendei neles o fogo do Vosso amor. Enviai o Vosso Espírito e tudo será criado, e renovareis a face da Terra!"

Oremos: Deus que instruístes os corações dos Vossos fiéis, com a luz do Espírito Santo, fazei que apreciemos retamente todas as coisas, segundo o mesmo Espírito, e gozemos sempre de Suas consolações, por Cristo, Senhor Nosso. Amém!"

Oração para antes da meditação
"Ó Divino Espírito, que pela Igreja sois chamado Criador, não somente porque és em relação a nós, criaturas, mas também porque movendo nas nossas almas, santos pensamentos e afetos, criais em nós aquela santidade que é obra Vossa! Venha também sobre nós a Vossa benéfica virtude e, enquanto nós Vos honrarmos com este devoto exercício, digne-se a visitar com a Vossa Divina Luz a nossa mente e com Vossa Suprema Graça o nosso coração, para que as nossas orações subam agradáveis a Vós e, do Céu, desça sobre nós a abundância de Vossas divinas misericórdias. Amém!"

Meditação

As ações do Espírito Santo em nossa alma

Essa belíssima e nobre criatura que é a alma humana, criada pela paterna Mão de Deus, foi pelo Eterno Amor enriquecida das mais eleitas virtudes que nela produz seus frutos, graças à ação vivificante do mesmo Amor que é o Espírito Santo.

As ações deste Divino Espírito nas almas são admiráveis e, quanto mais as contemplamos, tanto mais nos enchemos de maravilha e de consolação. Inacessível por sua natureza, o Espírito Santo se torna acessível por sua infinita bondade, sobretudo para as almas que O desejam e a elas se comunica de modo inexplicável. Ele as enche de Si e as faz sentir Sua presença com luzes, inspirações, confortos, graças de todas as maneiras. E, por mais que seja simples na sua essência, é variado e múltiplo nos seus efeitos. E na obra da santificação das almas pode-se afirmar que o Espírito Santo é túdo em todos.

Este dogma da inefável operação do Espírito Santo na alma do cristão mostra claramente uma verdade que eleva a uma dignidade incompreensível: Eis uma expressão desta verdade. "Um Deus se ocupa de mim. Um Deus se preocupa em me fazer o bem. O desejo pela minha perfeição é a sua predileta ocupação! Ele trabalha em mim, pensa sempre em mim, não cessa de trabalhar por mim!". E por que tudo isso? Porque me ama e me ama infinitamente! Por quê? Porque eu sou uma feliz criatura dos eternos e amorosos cuidados de Deus!

Se esta verdade fosse por ti bem considerada e bem entendida, que mais te importaria, ó alma cristã, das coisas da terra? Tu, tão amada por Deus, como poderias não aproveitar Seus afetos, desperdiçando-os pelos bens desta terra? Ah, se conhecesses a ti mesma e Aquele que opera em ti, estarias morta para o mundo e o mundo estaria morto para ti e viverias desde agora toda em Deus!

Momento para meditação pessoal
Oração

"Ó Espírito Santo, Eterno Amor, esta pobre alma não encontra palavras para exprimir a doce maravilha e o reconhecimento que experimenta pensando em Vós, ó Altíssimo Deus, que Vos dignastes Vos ocupar desta mesquinha criatura e de fazer-lhe continuamente o bem. Agradeço-Vos de coração; mas ao mesmo tempo, sinto necessidade de pedir-Vos perdão por ter apreciado tão pouco e correspondido tão mal até agora ao Vosso amoroso "operar" na minha alma. Vós, que me encheis de favores e favores tão grandes que não consigo nem mesmo compreendê-los, acrescentai-me um outro favor: aquele de fazer-me apreciar, ó Divino Espírito, os benefícios do Vosso Amor e de ajudar-me a corresponder-Vos fielmente.

Abri, ó Espírito Santo, com aquela luz da qual sois origem e fonte, os olhos da minha mente e fazendo-me melhor conhecer os efeitos do infinito amor que me trazeis, movei, ó Espírito Santo, o meu coração à verdadeira e constante correspondência."

Oração final

"Ó prometido e suspirado Consolador, Espírito Santo, procedente do Pai e do Filho, que escutando a unânime oração dos discípulos do Salvador, fraternalmente reunidos no Cenáculo, descestes para consolar e santificar a Igreja nascente: sede propício às nossas súplicas, reacendei o Vosso Divino Fogo nos corações dos homens. Fazei resplandecer a Vossa luz até os confins da Terra, chamai novamente ao seio da Mãe Igreja Romana todas as igrejas separadas.

Ó Espírito Santo, que sois o Amor, piedade de tanta mediocridade e de tantas almas que se perdem! Fazei com que rapidamente aconteça aquilo que Davi profetizava dizendo: "Mandai o Teu Espírito". Fazei-nos novas criaturas e assim renovareis a face da Terra. A partir desta consoladora profecia, unidos em oração, como nos ensina a Igreja, com plena confiança repitamos: enviai o Vosso Espírito e tudo será criado, e renovareis a face da Terra!"

Rezar as seguintes orações:
- Pai-Nosso
- Ave-Maria
- Glória ao Pai

Canto do Espírito Santo: nesta novena, a Beata recomenda que seja cantando o "Veni Creator".

Que o Senhor nos abençoe, nos livre de todo o mal e nos conduza à vida eterna! Amém!

Segundo dia

Oração inicial

"Vinde, Espírito Santo, enchei os corações dos Vossos fiéis e acendei neles o fogo do Vosso amor. Enviai o Vosso Espírito e tudo será criado e renovareis a face da Terra!

Oremos: Deus, que instruístes os corações dos Vossos fiéis com a luz do Espírito Santo, fazei que apreciemos retamente todas as coisas, segundo o mesmo Espírito, e gozemos sempre de Suas consolações, por Cristo Senhor Nosso. Amém!"

Oração para antes da meditação

"Ó Divino Espírito, que pela Igreja sois chamado Criador, não somente porque és em relação a nós, criaturas, mas também porque movendo nas nossas almas, santos pensamentos e afetos, criais em nós aquela santidade que é obra Vossa! Venha também sobre nós a Vossa benéfica virtude e, enquanto nós Vos honrarmos com este devoto exercício, digne-se a visitar com a Vossa Divina Luz a nossa mente e com Vossa Suprema Graça o nosso coração, para que as nossas orações subam agradáveis a Vós e, do Céu, desça sobre nós a abundância de Vossa divina misericórdia. Amém!"

Meditação

O Espírito Santo habita em nós

É esta uma consoladora verdade expressa no Evangelho (cf. Mt 10:20) e confirmada pelo Apóstolo Paulo quando escreve aos Coríntios: "Não sabeis que o Espírito Santo habita em vós? E não sabeis que o vosso corpo é templo do Espírito Santo?". É também por isso que a Igreja Católica se alegra em chamar o Divino Espírito de "Doce Hóspede da Alma". Hóspede que reveste da graça santificante, que irriga da divina luz, que a faz capaz de obras merecedoras da vida eterna.

Segundo São Tomás, o Espírito Santo é para nossa alma o que a alma mesma é para o nosso corpo. E assim como um corpo não pode viver sem a alma, uma alma privada do Espírito Santo é morta, morta para a graça, morta ao santo amor e incapaz de conquistar méritos para o Céu. Ai de quem expulsa com o próprio pecado o Doce Hóspede da Alma, porque expulsa o amor, a graça e perde a própria vida.

Sim, ó cristão, o Espírito habita em ti. E se tens fé, deves estar convicto sempre desta verdade: nunca te encontrarás sozinho. Está contigo o Doce Hóspede da Alma. Está contigo de dia e de noite, na fadiga e no repouso, na deficiência e na prosperidade. Contigo estará (e mais o do que nunca) na oração e na tribulação. Ah, se tu soubesses te valer da presença de um amigo tão bom e poderoso!

Se nas tentações, nos perigos e nas angústias te recordasses que possuis o Espírito Santo dentro de ti e se a Ele recorresses prontamente quando preocupasses teu pequeno coração!

Pare o teu pensamento algumas vezes durante o dia na consideração desta dulcíssima verdade: o Espírito Santo habita em mim! Se pensares assim, não terás apenas alegrias, mas também novas forças para avançar nos caminhos da virtude.

Momento para meditação pessoal
Oração

"Ó Altíssimo Deus, que em tudo sempre sois admirável e grande, mas ainda mais nas obras de amor, elegestes a alma cristã para Vosso Tabernáculo e não só lhe conferistes Vossos bens, mas doastes a Vós mesmo.

Ah! Se a Vossa bondade fosse ao menos apreciada por algumas almas e se Vós não fosses tão contristado e ofendido por essas almas que deveriam amar-Vos tanto!

Arrependo-me, ó Sumo Amor, de ter tantas vezes, também eu, Vos contristado com a minha frieza, esquecimento e ingratidão. Arrependo-me também de ter-Vos expulsado do meu coração e dado lugar ao Vosso eterno inimigo, o pecado, e com esse, o demônio. Mas sei que uma sincera lágrima de arrependimento servirá para chamar-Vos. Sei que Sois mais amoroso que uma doce mãe. Sois sempre pronto a perdoar. Por isso, com confiança, Vos digo: vem ó Espírito Santo, vem a esta alma que não quer mais contristar-Vos nem ofender-Vos jamais."

Oração final

"Ó prometido e suspirado Consolador, Espírito Santo, procedente do Pai e do Filho, que escutando a unânime oração dos discípulos do Salvador, fraternalmente reunidos no Cenáculo, descestes para consolar e santificar a Igreja nascente: sede propício às nossas súplicas, reacendei o Vosso Divino Fogo nos corações dos homens. Fazei resplandecer a Vossa luz até os confins da Terra, chamai novamente ao seio da Mãe Igreja Romana todas as igrejas separadas.

Ó Espírito Santo, que sois o Amor, piedade de tanta mediocridade e de tantas almas que se perdem! Fazei com que rapidamente aconteça aquilo que Davi profetizava dizendo: "Mandai o Teu Espírito". Fazei-nos novas criaturas e assim renovareis a face da Terra. A partir desta consoladora profecia, unidos em oração, como nos ensina a Igreja, com plena confiança repitamos: enviai o Vosso Espírito e tudo será criado, e renovareis a face da Terra!"

Rezar as seguintes orações:
- Pai-Nosso
- Ave-Maria
- Glória ao Pai

Canto do Espírito Santo: nesta novena, a Beata recomenda que seja cantado o "Veni Creator".

Que o Senhor nos abençoe, nos livre de todo o mal e nos conduza à vida eterna! Amém!

Terceiro dia

Oração inicial

"Vinde, Espírito Santo, enchei os corações dos vossos fiéis e acendei neles o fogo do Vosso amor. Enviai o Vosso Espírito e tudo será criado e renovareis a face da Terra!

Oremos: Deus, que instruístes os corações dos Vossos fiéis com a luz do Espírito Santo, fazei que apreciemos retamente todas as coisas, segundo o mesmo Espírito, e gozemos sempre de Suas consolações, por Cristo Senhor Nosso. Amém!"

Oração para antes da meditação

"Ó Divino Espírito, que pela Igreja sois chamado Criador, não somente porque és em relação a nós, criaturas, mas também porque movendo nas nossas almas, santos pensamentos e afetos, criais em nós aquela santidade que é obra Vossa! Venha também sobre nós a Vossa benéfica virtude e, enquanto nós Vos honrarmos com este devoto exercício, digne-se a visitar com a Vossa Divina Luz a nossa mente e com Vossa Suprema Graça o nosso coração, para que as nossas orações subam agradáveis a Vós e, do Céu, desça sobre nós a abundância de Vossas divinas misericórdias. Amém!"

Meditação

O Espírito Santo, nosso Consolador

Depois do pecado original, a miserável descendência de Adão sofre pela dor, consequência não apenas do primeiro pecado, mas também das obras cometidas por nós mesmos. Ora, o Espírito Santo, que é Amor, não deixará sofrer seus amados sem derramar sobre eles muitíssimas consolações. E é porque Ele nos consola que a Igreja O chama de "Consolador Perfeito" e possui para Ele os mais doces nomes, como "Pai do Pobres", "Repouso no Cansaço", "Doce Refrigério", "Alívio no Pranto". Se bem que Ele não nos tira das mãos aquele cálice da amargura que devemos beber à semelhança do Salvador.

Contudo, o Espírito Santo sabe misturar sua doçura às nossas amarguras nas dores que nos vêm da parte das criaturas, Ele nos dá o conforto da Sua graça, nas desgraças, um doce e tranquilo impulso para nos conformarmos. Em cada sofrimento, o Espírito nos dá um raio de Sua luz que nos faz entender que por detrás daquele mal existe um bem. E uma voz de verdade que nos recorda as eternas recompensas por sofrermos. E, com Aquela voz de verdade, a alma atribulada é consolada pelo Perfeito Consolador que a ela se entrega.

Se temos um Perfeito Consolador, por que o mundo está repleto de aflitos? Por que em toda a parte se derramam lágrimas, e por que se escutam os gemidos de dor? Por que se chega ao suicídio? Infelizmente, devemos constatar que esses não conhecem o Espírito Santo, que é o Verdadeiro Consolador do homem, porque o sofrimento deles não possui conforto.

Mas por que isso acontece também entre os cristãos? A razão é clara: também entre os cristãos, pouco se conhece e menos ainda se honra e se ora ao Espírito Consolador. Mas, se vemos almas que, no sofrer, mantêm-se tranquilamente conformadas, podemos bendizer que elas estão com o Espírito Santo e, se vemos algumas que em meio às tribulações podem repetir como São Paulo que superabundam em alegria, podemos também dizer que estas são plenas do Espírito Santo e cheias da Verdadeira consolação.

Momento para meditação pessoal
Oração

"Ó minha alma fraca e mesquinha, o Espírito Santo até agora não te preencheu de todas as divinas consolações, porque foi por ti pouco conhecido, menos honrado e rara e friamente invocado.

Quando tristeza, abatimento, melancolia e toda espécie de dor oprimiam a minha alma, Vós, ó Consolador Perfeito, esperáveis de mim apenas um olhar, um suspiro, um lançar-se de filial confiança para derramar-me no seio de vossos divinos confortos. Perdoai minha ignorância e a falta de confiança com que Vos tenho tratado até agora. Neste momento, abro-Vos toda a minha alma, ó Divino Consolador, e Vos prometo que em todas as dores desta vida recorrerei prontamente ao Vosso socorro e não procurarei outro consolador senão Vós, ó Pai dos Pobres, Repouso no cansaço e Alívio no pranto."

Oração final

"Ó prometido e suspirado Consolador, Espírito Santo, procedente do Pai e do Filho, que escutando a unânime oração dos discípulos do Salvador, fraternalmente reunidos no Cenáculo, descestes para consolar e santificar a Igreja nascente: sede propício às nossas súplicas, reacendei o Vosso Divino Fogo nos corações dos homens. Fazei resplandecer a Vossa luz até os confins da Terra, chamai novamente ao seio da Mãe Igreja Romana todas as igrejas separadas.

Ó Espírito Santo, que sois o Amor, piedade de tanta mediocridade e de tantas almas que se perdem! Fazei com que rapidamente aconteça aquilo que Davi profetizava dizendo: 'Mandai o Teu Espírito'. Fazei-nos novas criaturas e assim renovareis a face da Terra. A partir desta consoladora profecia, unidos em oração, como nos ensina a Igreja, com plena confiança repitamos: enviai o Vosso Espírito e tudo será criado, e renovareis a face da Terra!"

Rezar as seguintes orações:
- Pai-Nosso
- Ave-Maria
- Glória ao Pai

Canto do Espírito Santo: nesta novena, a Beata recomenda que seja cantando o "Veni Creator".

Que o Senhor nos abençoe, nos livre de todo o mal e nos conduza à vida eterna! Amém!

Quarto dia

Oração inicial
"Vinde, Espírito Santo, enchei os corações dos Vossos fiéis e acendei neles o fogo do Vosso amor. Enviai o Vosso Espírito e tudo será criado e renovareis a face da Terra!

Oremos: Deus, que instruístes os corações dos Vossos fiéis com a luz do Espírito Santo, fazei que apreciemos retamente todas as coisas, segundo o mesmo Espírito, e gozemos sempre de Suas consolações, por Cristo Senhor Nosso. Amém!"

Oração para antes da meditação
"Ó Divino Espírito, que pela Igreja sois chamado Criador, não somente porque és em relação a nós, criaturas, mas também porque movendo nas nossas almas, santos pensamentos e afetos, criais em nós aquela santidade que é obra Vossa! Venha também sobre nós a Vossa benéfica virtude e, enquanto nós Vos honrarmos com este devoto exercício, digne-se a visitar com a Vossa Divina Luz a nossa mente e com Vossa Suprema Graça o nosso coração, para que as nossas orações subam agradáveis a Vós e, do Céu, desça sobre nós a abundância de Vossas divinas misericórdias. Amém!"

Meditação
O Espírito Santo é o doador dos dons
Sendo próprio do amor beneficiar e repartir dons, isso acontece principalmente com o Amor por excelência que é o Espírito Santo. E o faz para com as criaturas pobres e necessitadas que se confiam a tão grande Provedor, aquele que concede não só aquilo que lhe é pedido, mas dá em abundância diante de cada pedido e de cada desejo.

São seus verdadeiros devotos aqueles que d'Ele recebem um filial Temor que os afasta do pecado, que recebem uma fervorosa Piedade que os faz mais queridos a Deus e benevolentes com o próximo, uma Ciência que endereça os próprios juízos e faz com que vejam claramente as coisas de Deus, uma sobre-humana Fortaleza onde todo obstáculo seja superado, o celeste Conselho para distinguir os movimentos da graça e para eleger prudentemente os meios mais apropriados para a Salvação. Recebem enfim, um sobrenatural Intelecto, que é sustento para a fé e luz para a vontade, e uma Sabedoria celeste que os leva a conformar os pensamentos e vontades ao divino Beneplácito, colocando-os em perfeito acordo com Deus.

Como então, tendo um Benfeitor assim tão extenso de graças e de Dons, nós somos tão pobres? Pobre é o nosso espírito de celestes dons, paupérrimo é o nosso coração de virtudes, pobre e nua de méritos é nossa alma! Mas de onde então surge a pobreza, enquanto estão abertos diante de nós os tesouros do Paráclito e o Doador de todo bem que infinitamente nos ama? Sim, o Espírito Santo nos ama infinitamente e concede os seus melhores dons àqueles que os desejam, a quem pede, a quem fielmente a eles correspondem.

Com uma mão no coração, ó cristão, reconheça a tua pobreza espiritual e diga como correspondestes às inspirações, às luzes, às graças do Paráclito. Desejaste ardentemente seus preciosos dons? Pediste com fervorosa e constante oração? Afastaste teu coração das coisas da terra para te enriquecer dos tesouros do céu? Reflete e responde.

Momento para meditação pessoal
Oração
 "Confesso, ó Amante Supremo dos homens, confesso que a
 deplorável pobreza desta alma é pobreza consciente, eu

mesmo me sujei, porque não só não apreciei, não desejei e não pedi com favores celestes, riquezas que Vós tão amorosamente derramais nas vossas criaturas, mas fiz pior ainda: eu que recebi tantas vezes da Vossa doce liberdade, tantos dons, inspirações e graças, não Vos correspondi e, como servo ingrato do Evangelho, enterrei os Vossos dons na lama mais negligente da minha preguiça e na acídia da minha inércia. Ó meu Deus, quanto mal eu fiz à Vossa infinita bondade e quanto mal eu fiz a mim mesmo.

Mas Vós sois o Amor, o Amor onipotente. Não queira castigar este servo infiel, mas, aceitando meu arrependimento, ao qual uno à promessa de corresponder para o futuro aos Vossos Dons, curai, ó Bondade Infinita, os danos da minha infidelidade passada e tornai a enriquecer-me benignamente dos Vossos Dons."

Oração final

"Ó prometido e suspirado Consolador, Espírito Santo, procedente do Pai e do Filho, que escutando a unânime oração dos discípulos do Salvador, fraternalmente reunidos no Cenáculo, descestes para consolar e santificar a Igreja nascente: sede propício às nossas súplicas, reacendei o Vosso Divino Fogo nos corações dos homens. Fazei resplandecer a Vossa luz até os confins da Terra, chamai novamente ao seio da Mãe Igreja Romana todas as igrejas separadas.

Ó Espírito Santo, que sois o Amor, piedade de tanta mediocridade e de tantas almas que se perdem! Fazei com que rapidamente aconteça aquilo que Davi profetizava dizendo: 'Mandai o Teu Espírito'. Fazei-nos novas criaturas e assim renovareis a face da Terra. A partir desta consoladora profecia, unidos em oração, como nos ensina a Igreja, com plena confiança repitamos: enviai o Vosso Espírito e tudo será criado, e renovareis a face da Terra!"

Rezar as seguintes orações:
- Pai-Nosso
- Ave-Maria
- Glória ao Pai

Canto do Espírito Santo: nesta novena, a Beata recomenda que seja cantando o "Veni Creator".

Que o Senhor nos abençoe, nos livre de todo o mal e nos conduza à vida eterna! Amém!

Quinto dia

Oração inicial

"Vinde, Espírito Santo, enchei os corações dos vossos fiéis e acendei neles o fogo do Vosso amor. Enviai o Vosso Espírito e tudo será criado e renovareis a face da Terra!

Oremos: Deus, que instruístes os corações dos Vossos fiéis com a luz do Espírito Santo, fazei que apreciemos retamente todas as coisas, segundo o mesmo Espírito, e gozemos sempre de Suas consolações, por Cristo Senhor Nosso. Amém!"

Oração para antes da meditação

"Ó Divino Espírito, que pela Igreja sois chamado Criador, não somente porque és em relação a nós, criaturas, mas também porque movendo nas nossas almas, santos pensamentos e afetos, criais em nós aquela santidade que é obra Vossa! Venha também sobre nós a Vossa benéfica virtude e, enquanto nós Vos honrarmos com este devoto exercício, digne-se a visitar com a Vossa Divina Luz a nossa mente e com Vossa Suprema Graça o nosso coração, para que as nossas orações subam agradáveis a Vós e, do Céu, desça sobre nós a abundância de Vossas divinas misericórdias. Amém!"

Meditações

O Espírito Santo e Seus frutos

Chamamos "Frutos do Espírito Santo" aqueles preciosos efeitos que Ele produz nas almas, mediante a infusão dos Seus Dons, os quais, postos à disposição das almas, tornam-nas fecundas de atos sobrenaturais de virtudes, que são frutos de santidade e de vida eterna. A nossa natureza, viciada em Adão, é como uma árvore silvestre que dá frutos amargos e ingratos. O Espírito Santo realiza nestas árvores um saudável enxerto, que as faz de certo modo transformar a natureza, onde o suco vital, ou seja, a natural virtude operativa do homem, passando pelo novo enxerto, nele recebe as boas qualidades e dá frutos doces e salubres. E, falando propriamente, não é o homem que produz aqueles bons frutos, mas o Espírito Santo, princípio eternamente fecundo da vida sobrenatural.

Toda árvore, boa ou má, se conhece pelos frutos que produz; e cada ramo da árvore frutífera será por Deus podado a fim de que produza maior fruto (cf. Jo 15:3). Não basta, portanto, o enxerto para que uma árvore ruim produza bons frutos, é preciso que o empenhado agricultor faça a poda e que a cultive. E é aqui que acontece o miserável naufrágio da virtude de tantos cristãos que relutam diante do sofrimento. Gozam aqueles, de serem enxertados com o precioso broto da graça divina, mas não querem depois, que a mão providente do celeste Agricultor lhes pode, isto é, não querem despojar-se totalmente de seus afetos terrenos, não querem cortar generosamente suas paixões favoritas e mesmo que quisessem ser ramos frutíferos da árvore do paraíso, querem também reter em si os parasitas selvagens do antigo inimigo; isto é, afetos mundanos, amor próprio, orgulho, avareza e coisas semelhantes. Mas esses vergonhosos ramos, que mesmo diante do precioso enxerto permanecem selvagens e estéreis, no fim não serão rejeitados e lançados ao fogo?

Momento para meditação pessoal
Oração

"Ó Divino Espírito, se eu considero que também na minha alma realizas aquele enxerto salutar pelo qual esta mesma alma deveria produzir frutos de vida eterna, reflito na minha deplorável instabilidade, libero um amargo suspiro do meu coração. Onde estão aqueles frutos que eu, como ramo de uma árvore divina deveria produzir; aqueles frutos que deveriam estar maduros pelos ardores celestes do Espírito Santo? Quantos são? São perfeitos? Um outro amargo suspiro é a resposta! Mas de quem é a culpa desta vergonhosa esterilidade?

Senhor, eu me acuso diante dos Vossos pés: A culpa é minha, é toda minha! Eu não quis que pela Vossa Mão benéfica, fosse tirado de minha volta as ervas daninhas das paixões e dos vícios; e recusei o ferro saltar da mortificação cristã; a acídia se opôs em mim às santas obras; a frieza e a inconstância apagaram meu fervor; não correspondi fielmente às vossas graças, ó Divino Espírito. Sou semelhante a uma planta estéril e inútil, não estando apta senão a ser lançada ao fogo.

Meu Deus! Para o fogo do Inferno não quero ir. Lança-me mais ainda no Fogo do Vosso Amor, que purifica as almas e torna-as fecundas dos santos Frutos."

Oração final

"Ó prometido e suspirado Consolador, Espírito Santo, procedente do Pai e do Filho, que escutando a unânime oração dos discípulos do Salvador, fraternalmente reunidos no Cenáculo, descestes para consolar e santificar a Igreja nascente: sede propício às nossas súplicas, reacendei o Vosso Divino Fogo nos corações dos homens. Fazei resplandecer a Vossa luz até os confins da Terra, chamai novamente ao seio da Mãe Igreja Romana todas as igrejas separadas.

Ó Espírito Santo, que sois o Amor, piedade de tanta mediocridade e de tantas almas que se perdem! Fazei com que rapidamente aconteça aquilo que Davi profetizava dizendo: "Mandai o Teu Espírito". Fazei-nos novas criaturas e assim renovareis a face da Terra. A partir desta consoladora profecia, unidos em oração, como nos ensina a Igreja, com plena confiança repitamos: enviai o Vosso Espírito e tudo será criado, e renovareis a face da Terra!"

Rezar as seguintes orações:
- Pai-Nosso
- Ave-Maria
- Glória ao Pai

Canto do Espírito Santo: nesta novena, a Beata recomenda que seja cantado o "Veni Creator".

Que o Senhor nos abençoe, nos livre de todo o mal e nos conduza à vida eterna! Amém!

Sexto dia

Oração inicial
"Vinde, Espírito Santo, enchei os corações dos Vossos fiéis e acendei neles o fogo do Vosso amor. Enviai o Vosso Espírito e tudo será criado e renovareis a face da Terra!

Oremos: Deus, que instruístes os corações dos Vossos fiéis com a luz do Espírito Santo, fazei que apreciemos retamente todas as coisas, segundo o mesmo Espírito, e gozemos sempre de Suas consolações, por Cristo Senhor Nosso. Amém!"

Oração para antes da meditação
"Ó Divino Espírito, que pela Igreja sois chamado Criador, não somente porque és em relação a nós, criaturas, mas também porque movendo nas nossas almas, santos pensamentos e afetos, criais em nós aquela santidade que é obra Vossa! Venha também sobre nós a Vossa benéfica virtude e, enquanto nós Vos honrarmos com este devoto exercício, digne-se a visitar com a Vossa Divina Luz a nossa mente e com Vossa Suprema Graça o nosso coração, para que as nossas orações subam agradáveis a Vós e, do Céu, desça sobre nós a abundância de Vossas divinas misericórdias. Amém!"

Meditação
O Espírito Santo é nosso Advogado

Os fracos, os órfãos, e os sem direitos, têm necessidade de um defensor, de um advogado, que tenha no coração os interesses deles e trabalhe para fazer-lhes o bem. Aos cristãos, não falta este Advogado. Foi o Amante Salvador que nos prometeu e nos deu; e é o seu mesmo Amor: o Espírito Santo. Mas quem poderá nos dizer todo bem que nos faz este divino Advogado; aquele Amor Eterno cujas obras, palavras e relações com as almas são todas amor?

E este Amor, como sabemos por meio de São Paulo, está especialmente conosco e vem em auxílio da nossa fraqueza quando rezamos. A nossa miséria é tão grande, que não sabemos rezar como convém; a nossa cegueira é tamanha que nem mesmo sabemos o que pedir. Mas é aqui que nos ajuda o Espírito Santo, que dentro de nós ora e suplica com gemidos inenarráveis; e porque Aquele que perscruta o nosso coração bem sabe aquilo que pedimos com tais gemidos inspirados pelo Espírito Santo, e nos dá a consoladora certeza de sermos ouvidos.

Portanto, Deus mesmo ora em mim! O Eterno Amor vem em nós suscitar santos gemidos e acende muitos afetos em nosso coração, dessa forma, nos ajuda a invocar a divina Misericórdia. O Espírito Santo reza em mim e eleva a minha alma às fontes da Vida Eterna para enriquecê-la de todo bem! O Espírito Santo ora em mim e me dá tanta eficácia nas minhas pobres forças, que preciso honrar e agradecer dignamente ao Altíssimo. O Espírito Santo ora em mim e os tesouros da graça divina se abrem diante de mim e a meu favor e também para todos aqueles por quem eu rezo.

O que pode ser negado para aquele cuja oração sobe ao céu unida aos gemidos inenarráveis do divino Amor? E mesmo se este fosse o único bem alcançado pela devoção ao Espírito Santo, já seríamos felizes o bastante.

O Espírito Santo rezará também naqueles que O esqueceram?

Momento para meditação pessoal
Oração
"Ó Divino Advogado das almas, que sois todo Amor, sempre Amor, perfeito Amor, eu exulto e me alegro em saber que sois assim tão bom e que Vos dignastes morar dentro de nós, orar em nós e enviar ao Coração do Pai Celeste

aqueles preciosos e inefáveis gemidos, que O movem a nos conceder toda graça. Como me arrependo agora, ó Espírito Santo, por ter Vos conhecido tão pouco e apreciado tão limitadamente Vosso infinito poder de intercessão e de oração dentro de mim!

Se a minha oração foi até agora distraída e ineficaz, isto aconteceu porque eu não pensava em Ti, meu divino Advogado, porque seguindo a confusão destes nossos tempos, eu não procurei a instrução religiosa e não cultivei a devoção para Convosco, meu Mestre, Consolador e Santificador da minha alma. Mas, a partir de agora, não será mais assim. Peço-Vos perdão, ó Espírito Santo, e prometo não Vos esquecer mais e Vos proclamar para os outros com as verdades católicas, que são luz para a mente e alegria para o coração."

Oração final

"Ó prometido e suspirado Consolador, Espírito Santo, procedente do Pai e do Filho, que escutando a unânime oração dos discípulos do Salvador, fraternalmente reunidos no Cenáculo, descestes para consolar e santificar a Igreja nascente: sede propício às nossas súplicas, reacendei o Vosso Divino Fogo nos corações dos homens. Fazei resplandecer a Vossa luz até os confins da Terra, chamai novamente ao seio da Mãe Igreja Romana todas as igrejas separadas.

Ó Espírito Santo, que sois o Amor, piedade de tanta mediocridade e de tantas almas que se perdem! Fazei com que rapidamente aconteça aquilo que Davi profetizava dizendo: 'Mandai o Teu Espírito'. Fazei-nos novas criaturas e assim renovareis a face da Terra. A partir desta consoladora profecia, unidos em oração, como nos ensina a Igreja, com plena confiança repitamos: enviai o Vosso Espírito e tudo será criado, e renovareis a face da Terra!"

Rezar as seguintes orações:
- Pai-Nosso
- Ave-Maria
- Glória ao Pai

Canto do Espírito Santo: nesta novena, a Beata recomenda que seja cantando o "Veni Creator".

Que o Senhor nos abençoe, nos livre de todo o mal e nos conduza à vida eterna! Amém!

Sétimo dia

Oração inicial
"Vinde, Espírito Santo, enchei os corações dos vossos fiéis e acendei neles o fogo do Vosso amor. Enviai o Vosso Espírito e tudo será criado e renovareis a face da Terra!

Oremos: Deus, que instruístes os corações dos Vossos fiéis com a luz do Espírito Santo, fazei que apreciemos retamente todas as coisas, segundo o mesmo Espírito, e gozemos sempre de Suas consolações, por Cristo Senhor Nosso. Amém!"

Oração para antes da meditação
"Ó Divino Espírito, que pela Igreja sois chamado Criador, não somente porque és em relação a nós, criaturas, mas também porque movendo nas nossas almas, santos pensamentos e afetos, criais em nós aquela santidade que é obra Vossa! Venha também sobre nós a Vossa benéfica virtude e, enquanto nós Vos honrarmos com este devoto exercício, digne-se a visitar com a Vossa Divina Luz a nossa mente e com Vossa Suprema Graça o nosso coração, para que as nossas orações subam agradáveis a Vós e, do Céu, desça sobre nós a abundância de Vossas divinas misericórdias. Amém!

Meditação
Oh Divino Paráclito! És o Santificador das almas

Se o Criador não quisesse elevar a alma humana à vida sobrenatural, renovando a sua imagem e soprando sobre ela o Hálito Divino, estaríamos perdidos. Quando Deus se comunica com a criatura, soprando sobre ela, dá-lhe sempre espírito, vida, graça, amor, melhor dizendo, dá-lhe a Si mesmo. Uma criatura que possui o Espírito de Deus, certamente não pode viver apenas segundo as razões da natureza terrena, que quase sempre se opõem à graça divina, que deseja nos elevar à participação da natureza divina.

Mas quem dará a uma criatura da terra, ajuda e força para viver segundo a sublime vocação de um ser divinizado? Este milagre é obra do Divino Espírito Santo, que é o Santificador das almas; o qual com força e suavidade conduz as almas ao santo viver, a que nós chamamos vida sobrenatural, que consiste não só em observar os mandamentos da lei de Deus, mas em dirigir a Ele sempre, todo o nosso ser, nosso querer, nosso fazer e sofrer, vivendo assim, unicamente para Ele.

O nome do Santificador das almas é dado ao Espírito Santo na Divina Escritura, para indicar que Ele é princípio e fonte de toda santidade, dEle vem as graças, as luzes, os confortos, e ajuda para nossa santificação. É de fato Ele que ilumina o pecador no seu estado de perigo, acorda-o do sono da morte, inspira-o no desejo de voltar para Deus, ajuda-o a curar o próprio coração daquele tríplice germe do mal, que consiste no orgulho, na sensualidade e na avareza. É Ele quem o faz olhar a doçura da virtude, a felicidade da paz e as consolações do divino amor. Reforma nosso interior, reprime cativas inspirações, mostrando a preciosidade dos sofrimentos e o prêmio das boas obras; Ele completa em nós a obra admirável de Deus, comunicando virtudes santificadoras as nossas ações.

Na verdade, o Divino Espírito, cumpre para conosco aquela promessa da Sagrada Escritura: "Vos darei um coração novo e um espírito novo. Vos tirarei da vossa sepultura, (isto é, do mortífero estado da culpa), vos darei o meu Espírito e viverei. Eu disse, eu farei" (Ez 37).

Que mais poderia prometer o Senhor de tão consolador?

Momento para meditação pessoal

Oração

"Ó meu Deus, considerando todas as obras do Vosso Amor, me dou conta que sempre são mais admiráveis do que todos os prodígios. O homem criado por Vós, vem elevado a um estado de excelência quase divina e pouco menor do que os anjos. Ó Deus, o homem pecou, perdeu o Espírito Santo, e se fez escravo de Lúcifer. Mas Vossa mão veio sobre o homem caído e o levantou do antigo terror. Para levantar o homem, o Divino Verbo se abaixou, até vestir a nossa natureza. Fostes ao patíbulo, e roubastes e satanás o poderio sobre os homens, que foram resgatados pelo sangue de Deus, feitos homens novos pelo Espírito Santo, que os enriquece de dons e graças, santifica-os abraça-os... Meu Deus!

E saber que esta maravilha de amor realizastes por nós e em nós, também por mim e em mim. Como farei para amar-Vos e não pensar senão em Vós, Ó Espírito Santo de Amor. Perdoai a mim, perdoai a todos os cristãos pela ingratidão de Vos termos esquecido e de agora em diante, Ó Divino Espírito, nos unirmos para glorificar-Vos e honrar-Vos, não como mereceis, porque é impossível, mas da melhor maneira que pudermos fazer."

Oração final

"Ó prometido e suspirado Consolador, Espírito Santo, procedente do Pai e do Filho, que escutando a unânime oração dos discípulos do Salvador, fraternalmente reunidos no Cenáculo, descestes para consolar e santificar a Igreja nascente: sede propício às nossas súplicas, reacendei o Vosso Divino Fogo nos corações dos homens. Fazei resplandecer a Vossa luz até os confins da Terra, chamai novamente ao seio da Mãe Igreja Romana todas as igrejas separadas.

Ó Espírito Santo, que sois o Amor, piedade de tanta mediocridade e de tantas almas que se perdem! Fazei com que rapidamente aconteça aquilo que Davi profetizava dizendo: 'Mandai o Teu Espírito'. Fazei-nos novas criaturas e assim renovareis a face da Terra. A partir desta consoladora profecia, unidos em oração, como nos ensina a Igreja, com plena confiança repitamos: enviai o Vosso Espírito e tudo será criado, e renovareis a face da Terra!"

Rezar as seguintes orações:
- Pai-Nosso
- Ave-Maria
- Glória ao Pai

Canto do Espírito Santo: nesta novena, a Beata recomenda que seja cantando o "Veni Creator".

Que o Senhor nos abençoe, nos livre de todo o mal e nos conduza à vida eterna! Amém!

Oitavo dia

Oração inicial
"Vinde, Espírito Santo, enchei os corações dos Vossos fiéis e acendei neles o fogo do Vosso amor. Enviai o Vosso Espírito e tudo será criado e renovareis a face da Terra!

Oremos: Deus, que instruístes os corações dos Vossos fiéis com a luz do Espírito Santo, fazei que apreciemos retamente todas as coisas, segundo o mesmo Espírito, e gozemos sempre de Suas consolações, por Cristo Senhor Nosso. Amém!"

Oração para antes da meditação
"Ó Divino Espírito, que pela Igreja sois chamado Criador, não somente porque és em relação a nós, criaturas, mas também porque movendo nas nossas almas, santos pensamentos e afetos, criais em nós aquela santidade que é obra Vossa! Venha também sobre nós a Vossa benéfica virtude e, enquanto nós Vos honrarmos com este devoto exercício, digne-se a visitar com a Vossa Divina Luz a nossa mente e com Vossa Suprema Graça o nosso coração, para que as nossas orações subam agradáveis a Vós e, do Céu, desça sobre nós a abundância de Vossas divinas misericórdias. Amém!"

Meditação
Nossos deveres para com o Espírito Santo
O Espírito Santo, como Deus, possui também todo o direito de adoração, submissão e amor, assim como devemos render ao Pai e ao Filho. Como Ele em participar, é o Santificador de nossas almas, e que em nós reside substancialmente, a Ele devemos o obséquio de uma humilde e confiante oração, para lhe pedir

força, para vencer as tentações, luz para conhecer melhor os nossos deveres e a graça para santificar todas as nossas ações, a fim de que sejam agradáveis a Ele. Além do mais, devemos-lhe docilidade às suas inspirações e reconhecimento pelos seus incessantes benefícios.

Mas, como o Espírito Santo é Amor, e o Amor deve ser amado, entre todos esses deveres, o que deve reinar é a primazia do Amor. E porque nós, miseráveis criaturas, não poderemos jamais amar adequadamente o Amor Infinito, amemos ao menos como podemos, e procuremos que Ele seja também mais conhecido e mais amado pelos outros.

Mas como cumpriremos os nossos deveres para com o Espírito Santo, se rara e friamente nos recordamos d'Ele? O esquecimento é adoração? O esquecimento é gratidão? É amor? Não, ao contrário: é ingratidão, desamor e desprezo.

Para nós, que conscientemente vivemos no sobrenatural, existiria maior vergonha que viver toda a jornada como se o Espírito Santo não existisse, como se Ele não habitasse pessoalmente dentro de nós? Portanto, ó cristão, se quiseres cumprir todos os seus deveres para com o Espírito Santo comece a tê-Lo presente no seu pensamento, recorde várias vezes o Seu amor, os Seus benefícios, e entre todas as suas devoções não falte, ou melhor, abundem obséquios e orações em Sua honra.

Momento para meditação pessoal
Oração

"Ó Divino Espírito Santo, como eu me enganava pensando que fosse somente com os meus pecados que te contristaria! Agora sei que te contristei mais ainda quando te esqueci. Mas Quem é também o mais esquecido entre os fiéis? E se nem mesmo O recordamos ó Eterno Amor, como poderemos cumprir nossos deveres para Convosco?

Devemos gemer sobre a nossa ingratidão e pedi perdão. E ao Te pedirmos perdão, ó Espírito Santo, devemos acrescentar a promessa de honrar-Vos no futuro com atos de especial adoração e de verdadeiro reconhecimento. Sois autor e doador da graça, Santificador e Doce Hóspede da alma, por tudo isto com total devoção devemos voltar para Vós todos os nossos pensamentos."

Oração final

"Ó prometido e suspirado Consolador, Espírito Santo, procedente do Pai e do Filho, que escutando a unânime oração dos discípulos do Salvador, fraternalmente reunidos no Cenáculo, descestes para consolar e santificar a Igreja nascente: sede propício às nossas súplicas, reacendei o Vosso Divino Fogo nos corações dos homens. Fazei resplandecer a Vossa luz até os confins da Terra, chamai novamente ao seio da Mãe Igreja Romana todas as igrejas separadas.

Ó Espírito Santo, que sois o Amor, piedade de tanta mediocridade e de tantas almas que se perdem! Fazei com que rapidamente aconteça aquilo que Davi profetizava dizendo: 'Mandai o Teu Espírito'. Fazei-nos novas criaturas e assim renovareis a face da Terra. A partir desta consoladora profecia, unidos em oração, como nos ensina a Igreja, com plena confiança repitamos: enviai o Vosso Espírito e tudo será criado, e renovareis a face da Terra!"

Rezar as seguintes orações:
- Pai-Nosso
- Ave-Maria
- Glória ao Pai

Canto do Espírito Santo: nesta novena, a Beata recomenda que seja cantando o "Veni Creator".

Que o Senhor nos abençoe, nos livre de todo o mal e nos conduza à vida eterna! Amém!

Nono dia

Oração inicial

"Vinde, Espírito Santo, enchei os corações dos Vossos fiéis e acendei neles o fogo do Vosso amor. Enviai o Vosso Espírito e tudo será criado e renovareis a face da Terra!

Oremos: Deus, que instruístes os corações dos Vossos fiéis com a luz do Espírito Santo, fazei que apreciemos retamente todas as coisas, segundo o mesmo Espírito, e gozemos sempre de Suas consolações, por Cristo Senhor Nosso. Amém!"

Oração para antes da meditação

"Ó Divino Espírito, que pela Igreja sois chamado Criador, não somente porque és em relação a nós, criaturas, mas também porque movendo nas nossas almas, santos pensamentos e afetos, criais em nós aquela santidade que é obra Vossa! Venha também sobre nós a Vossa benéfica virtude e, enquanto nós Vos honrarmos com este devoto exercício, digne-se a visitar com a Vossa Divina Luz a nossa mente e com Vossa Suprema Graça o nosso coração, para que as nossas orações subam agradáveis a Vós e, do Céu, desça sobre nós a abundância de Vossas divinas misericórdias. Amém!"

Meditação

Os benefícios do Espírito Santo

Sem dúvida, os benefícios revelam o Benfeitor, e quanto mais excelentes e múltiplos são os benefícios, tanto indicam ser mais excelente e mais amoroso o Benfeitor. Nós nunca poderemos chegar a conhecer todos os benefícios que recebemos do Espírito Santo. A Igreja, por outro lado, com os nomes que O concede, nos mostra grande parte de suas graças: Chamando-O de Luz dos Corações, a Igreja nos revela a bela graça que Ele, o Espírito Santo, compartilha conosco através das explicações Divinas. Chamando-O de Fogo, nos recorda como por meio dEle vem ao nosso coração as chamas do Divino Amor. Como Doce Hóspede da alma, nos assegura a sua presença em nós. E ainda como Pai dos Pobres, Dispensador de Dons, Fonte Viva, Consolador Perfeito nos acrescenta múltiplos benefícios que recebemos incessantemente por Ele!

Pelas simbólicas formas que quis assumir para dirigir-se aos mortais, se conhece como melhor via, os benefícios do Paráclito.

No Batismo do Salvador, o Espírito Santo assume a forma de uma cândida Pomba. No Mistério da Transfiguração de Nosso Senhor, S. Ambrósio, S. Tomás e outros, reconhecem o Espírito Santo na fúlgida nuvem que aparece sobre o Tabor, simbolizando a amorosa proteção do Paráclito sobre nós, e ao mesmo tempo o princípio daquela sobrenatural fecundidade, que o próprio Espírito Santo infunde nas almas. Quando depois, aparece no Cenáculo como Celeste Fogo, distribui muitos dos seus benefícios, e principalmente aquele de esclarecer e de inflamar as almas de santos ardores; de comunicá-las a admirável atitude de fazer o bem e de conduzi-las a agir, não mais humanamente e segundo a natureza, mas divinamente e segundo a graça. E como o fogo converte em fogo aquilo que nele é imerso, assim o Divino Fogo do Espírito Santo se não pode fazer-nos divinos por natureza, torna-nos pela graça.

Admira, ó alma fiel, estas maravilhas de amor, e diz se não serão para ti grandes vantagens. Como devotos do Espírito Santo, seguramente possuiremos seus benefícios.

Momento para meditação pessoal
Oração

"Ó Divino Espírito, entre todos os Vossos dons, existe um infinitamente mais precioso que os outros; Dom que não tem nome particular, porque sois Vós mesmo, que verdadeiramente Vos doais às almas justas. Mas por que eu disse que Aquele Dom não tem nome? É claro que tem, dado por Vós, que o chamou Dom Altíssimo de Deus, e não existe outro nome que melhor O convenha. O que farão as nossas almas no fim desta Novena, ó Espírito Santo? Pediremos o Dom do Altíssimo Deus, Vós mesmo! E para obtê-Lo, deixaremos lugar no nosso coração, tirando todo afeto que não Vos agrada. E vós, Eterno Amor, o que fareis? Ah, fazei tudo o que fizeste no Cenáculo!

Vem! Vem! Vem! Visitai as mentes dos Vossos servos e enchei os corações de abundantes graças. Vem! E com as Vossas chamas, erradicai de nós o velho Adão. Vem! E se apossando das potências da minha alma e dos meus sentidos, regulai e dirigi todos os meus atos para Vós. Estendei todos os Vossos benefícios a todos os crentes, e assim obteremos mais rapidamente a renovação da face da Terra."

Oração final

"Ó prometido e suspirado Consolador, Espírito Santo, procedente do Pai e do Filho, que escutando a unânime oração dos discípulos do Salvador, fraternalmente reunidos no Cenáculo, descestes para consolar e santificar a Igreja nascente: sede propício às nossas súplicas, reacendei o Vosso Divino Fogo nos corações dos homens. Fazei resplandecer a Vossa luz até os confins da Terra, chamai novamente ao seio da Mãe Igreja Romana todas as igrejas separadas.

Ó Espírito Santo, que sois o Amor, piedade de tanta mediocridade e de tantas almas que se perdem! Fazei com que rapidamente aconteça aquilo que Davi profetizava dizendo: 'Mandai o Teu Espírito'. Fazei-nos novas criaturas e assim renovareis a face da Terra. A partir desta consoladora profecia, unidos em oração, como nos ensina a Igreja, com plena confiança repitamos: enviai o Vosso Espírito e tudo será criado, e renovareis a face da Terra!"

Rezar as seguintes orações:
- Pai-Nosso
- Ave-Maria
- Glória ao Pai

Canto do Espírito Santo: nesta novena, a Beata recomenda que seja cantando o "Veni Creator".

Que o Senhor nos abençoe, nos livre de todo o mal e nos conduza à vida eterna! Amém!

Efusão do Espírito Santo / Reavivamento dos dons

Senhor Jesus Cristo, Filho de Deus, Tu que disseste: "Recebereis o Espírito Santo, e sereis as minhas testemunhas" (At 1,8), Senhor Jesus, nós queremos pela Tua luz e pela Tua graça Te testemunhar. Queremos ser testemunhas vivas da Tua Palavra e da Tua misericórdia. Queremos levar a Tua Palavra até os confins da terra como é o Teu desejo. Senhor, Tu mesmo dissestes: "Eu vim para colocar fogo na terra e como eu gostaria que este fogo já estivesse aceso" (Lc 12:49). Senhor, nós estamos hoje aqui na Tua presença para te pedir que nos inunde com a força do Teu Espírito para que, cheios do Teu poder, possamos, nessa caminhada, colocar fogo na terra conforme o Teu desejo. Senhor inunda o nosso coração, a nossa mente, a nossa alma com o Teu Espírito como fizestes com os Apóstolos, homens fracos e frágeis como nós.

No dia de Pentecostes transformaram-se pela força do Teu Espírito em gigantes, valentes e corajosos. Tornaram-se anunciadores da Tua Palavra e testemunharam o Teu ministério de Cura e de Libertação e anúncio do Reino de Deus por causa do Teu Espírito que foi derramado na vida deles. Aqui, nós também te pedimos: envia o Teu Espírito Santo sobre nós e nos inunda com o mesmo poder de Pentecostes. Queremos a mesma graça, o mesmo dom e a mesma efusão, porque queremos levar a Tua Palavra a todos os homens e mulheres, queremos tocar os corações de todos os seres deste mundo. Queremos incendiar os corações dessas pessoas no Teu Santo nome. Então, envia sobre nós o Teu Espírito Santo. Não olhes a nossa fraqueza e nem os nossos pecados, mas a fé que anima a Tua Igreja.

Senhor Jesus Cristo, queremos beber da água viva prometida à Samaritana no poço de Jacó; queremos distribuir essa água para todos os nossos irmãos e irmãs, principalmente os que estão mais afastados, esquecidos ou aqueles que te esqueceram. Envia sobre nós o Teu Espírito para que possamos ser testemunhas vivas da Tua Palavra e da Tua graça; que a força do Teu Espírito restabeleça em nós aquela mesma coragem e determinação que levou os Apóstolos a anunciar a Tua Palavra enfrentando as feras e os perigos deste mundo. Que possamos estar prontos para testemunhar a Tua graça e o Teu amor com a nossa própria vida. Manda o Teu Espírito Santo sobre todos nós para que possamos ser evangelizadores conforme o Teu coração.

Dissestes sobre Davi: "Encontrei um homem conforme o meu coração" (At 13,22). Nós também queremos ser assim, estar em comunhão contigo e com o Teu Sagrado coração. Que a partir deste Pentecostes, sejamos ungidos, corajosos, homens e mulheres de fogo para anunciar a Tua Palavra. Que o poder de Pentecostes nos leve a uma nova evangelização renascida dessa graça e dessa espiritualidade; que Pentecostes seja na nossa vida uma nova renovação. Que os homens e as mulheres deste mundo sintam nas suas próprias vidas esse fogo abrasador que fez Moisés dizer: "Que mistério extraordinário". Que possamos evangelizar conforme o Senhor mesmo evangelizava na Galileia, Betânia, Nazaré e em Jerusalém. Senhor, na hora do Teu batismo o Espírito desceu sobre Ti e, que desça sobre nós agora. Que possamos viver uma grande efusão do Teu Espírito. Que possamos no Teu nome levar a Tua Palavra até os confins da terra.

Jesus Cristo, filho de Deus, envia sobre nós, hoje, a unção poderosa do Teu Espírito para que, conduzidos pelo Espírito Santo, possamos caminhar no Teu nome, na Tua estrada e fazer a Tua vontade. Que o Espírito Santo derramado no dia de Pentecostes seja o mesmo derramado hoje no nosso coração para que possamos fazer tudo conforme a Tua Misericórdia.

Na intercessão de Nossa Senhora, rainha da Primavera, que Ela interceda por todos aqueles que estão fazendo esta oração comigo para que cheios do Espírito Santo possamos cumprir a nossa missão.

Envia sobre nós os dons do Espírito Santo. Queremos que essas espadas, dons de cura, libertação, de profecia, de ciência e sabedoria, da prudência e do discernimento sejam derramados nos nossos corações e, que essa chama, incendeie o mundo confirmando a Tua vontade. Senhor Jesus Cristo, redentor e salvador, envia sobre nós o teu Espírito, que Ele nos encha com os mesmos dons que São Paulo, São Pedro, Santo André, Thiago e João tinham e, por isso, anunciaram a Tua palavra com fervor. Que o Espírito Santo nos conceda hoje os Teus dons para que possamos fazer a Tua vontade.

Notas

1   A Aliança de Misericórdia nasceu no ano 2000 na cidade de São Paulo, Brasil.

2   cf. *Diário de Santa Faustina*. A misericórdia divina na minha alma. 42 ed. Curitiba: Apostolado da Divina Misericórdia, 2018

3   Várias experiências são narradas no livro *O sonho de Deus* (2009), da Aliança de Misericórdia, que relata uma maravilhosa história da Misericórdia na nossa vida.

4   Daniel-Ange nasceu em 1932, em Bruxelas, Bélgica. É sacerdote e sentiu sua vocação desde criança. Aos 17 anos, entrou na Ordem de São Bento de Clervaux (Luxemburgo). Depois de passar alguns anos como eremita, voltou para o mundo e, em 1984, fundou a Escola "Jeunesse-Lumiére" (Juventude-Luz). Em setembro de 1987, a escola se instalou no sul da França, onde está até hoje. Realizou 220 turnês de evangelização em 42 países e faz intervenções frequentes através dos meios de comunicação. Daniel é autor de livros sobre afetividade e sexualidade, como *Teu corpo feito para o amor* (1985), e de espiritualidade, como *A Oração – Respiração vital* (2005).

5   cf. *Amor, Paz e alegria*, do padre André Prévot. São Paulo: Editora Cultor de Livros, 2011.

6   Santa Gertrudes de Helfta nasceu em 6 de janeiro de 1256, em Eisleben, na Alemanha. Aos 5 anos, foi entregue ao mosteiro cisterciense de Helfta, onde cresceu adquirindo grande cultura profana e cristã. Conviveu no mosteiro com a mística Matilde de Magdeburg, mestra de espiritualidade fortemente ligada ao chamamento místico. Com ela, Gertrudes desenvolveu a sua de modo muito semelhante, recebendo, em seguida, através de suas orações contemplativas, diversas revelações de Deus. A partir dos 25 anos de idade, teve a primeira das visões que, como ela mesma narrou, transformaram sua vida. (...) Gertrudes adoeceu e sofreu muitas dores físicas por mais de dez anos até ir comungar com seu amado esposo, Jesus, na casa do Pai, em 1302. A tradicional festa em sua memória, que ocorre no dia 16 de novembro, foi autorizada e mantida nesta data pelo apa Clemente XII, em 1738. Disponível em: https://www.rs21.com.br/calendario-liturgico/calendario-liturgico-santo-do-dia/santo-do-dia-santa-gertrudes-2/. Acesso em: 13 maio 2019.

7   Fugindo um pouco da regra geral das Aparições Marianas, manifestações em povoados distantes, montanhosos e pobres, dessa vez Nossa Senhora aparece na capital da Holanda, Amsterdã, por 25 anos (1945-1972), a Ida Peerdeman. E, na grande maioria das ocasiões, na casa da própria escolhida, demonstrando, com isso, que todos os seus filhos estão sob seus olhos e sua maternal proteção, independentemente de onde estejam. Pelos frutos deixados a toda humanidade, esta foi mais uma das importantíssimas Aparições da Mãe de Deus durante o século xx. Um dos pedidos da Santíssima Virgem Maria em Amsterdã foi que rezássemos a seguinte oração: "Senhor Jesus Cristo, Filho do Pai, envia agora o Teu Espírito sobre a Terra. Faze habitar o Espírito Santo nos corações de todos os povos, a fim de que sejam preservados da corrupção, da calamidade e da guerra. Que a Senhora de todos os povos, a Santíssima Virgem Maria, seja a nossa advogada. Amém".

8   cf. *Diário de Santa Faustina*. A misericórdia divina na minha alma. 42 ed. Curitiba: Apostolado da Divina Misericórdia, 2018.

9   cf. *Os milagres que eu vi* – Como o Deus vivo e verdadeiro pode operar Milagres em sua vida, de padre Moacir Anastácio Carvalho. Rio de Janeiro: Editora Petra, 2006, pp. 81-87.

10 cf. *Diário de Santa Faustina*. A misericórdia divina na minha alma. 42 ed. Curitiba: Apostolado da Divina Misericórdia, 2018.

11 cf. *Diário de Santa Faustina*. A misericórdia divina na minha alma. 42 ed. Curitiba: Apostolado da Divina Misericórdia, 2018.

12 cf. *Os milagres que eu vi* – Como o Deus vivo e verdadeiro pode operar Milagres em sua vida, de padre Moacir Anastácio Carvalho. Rio de Janeiro: Editora Petra, 2006, pp. 15-16).

13 cf. Santo Agostinho – *Confissões*, III, 6, 11.

14 cf. "Lectio divina" com os seminaristas, papa Bento XVI. Capela do Seminário, 12 de Fevereiro de 2010. Disponível em: https://noticias.cancaonova.com/mundo/lectio-divina-de-bento-xvi-com-os-seminaristas-da-diocese-de-roma/. Acesso em:15 maio de 2019.

15 cf. *Santa Terezinha do Menino Jesus*. História de uma alma. São Paulo: Paulus, 2002.

16 cf. *Diário de Santa Faustina*. A Misericórdia Divina na minha alma. 42 ed. Curitiba: Apostolado da Divina Misericordia, 2018.

FONTE Silva Text
PAPEL Pólen Soft 80 g/m²
IMPRESSÃO Imprensa da Fé